熊野から海神《うながみ》の宮へ

神々はなぜ移動するのか

桐村英一郎

はる書房

はじめに

東京や大阪など大都会から遠く、山塊《さんかい》が海に荒々しく迫る熊野。そこは特別な地域と映るのだろう。物書きは「聖地たるゆえん」を説き、テレビはしばしば「熊野特番」を制作する。

だが読む者、観る者の期待に応えてくれないたぐいも少なからずある。識者が語る熊野は、ときに心象や麗句《れいく》に飾られる。ご本人はいろいろ感じているのだろうが、結局何を言いたいのか、こちらに伝わらないのだ。

テレビの熊野特別番組はどれも似たり寄ったりである。たとえば女性タレントが熊野古道をちょこっと歩き、熊野三山を垣間見る。ナレーターは「癒し」「霊力」「パワースポット」などのキャッチフレーズを散りばめ、地元のお年寄りに偶然出会ったような設定がなされる。

そんな番組をいくら見ても熊野は近づいてくれない。読者や視聴者は、ふわっとした熊野論に「わかったような、わからないような」中途半端な気持ちにさせられ続けてきたのではなかろうか。

熊野に限ったことではないが、地域の分析は情緒、心象論や観念論ではだめなのだ。対象を絞り、具体的かつ実証的に迫らないと、その本当の姿は浮かんでこない。岩塊《がんかい》や巨木を崇《あが》めた自然信仰の現場を数年がかりで訪ね歩いた拙著『祈りの原風景　熊野の無社殿神社と自然信仰』は、そんな気持ちを抱きながら書いた。

対象への接近にはいろいろなやり方があるだろう。私は現役時代、現場を重んじる新聞記者だったから、文献にあたったうえで自分の目で確かめるという方法を自身に課した。それに加えて「仮説検証型」と言おうか、ある仮説を立て、それを史料や取材で裏付けてゆくやり方をとってきた。発掘結果や民俗的な収集などをこつこつ積み上げ、何かを語る方法は手堅いけれど、「仮説検証型」の方が手掛けて楽しいからである。

熊野に移り住んで以来七年が過ぎた。その間のささやかな著作のうち、『熊野鬼伝説』『イザナミの王国　熊野』『熊野からケルトの島へ　アイルランド・スコットランド』は、それぞれ自分が立てた仮説の検証結果を読者に問うたつもりだ。

『熊野鬼伝説』では坂上《さかのうえの》田村麻呂《たむらまろ》の鬼退治伝説を取り上げた。蝦夷《えみし》征討で知られる田村麻呂は鈴鹿峠越えは何度もしただろうが、熊野には来ていない。それなのになぜ各地にその伝説が残るのか。素朴な疑問から始めて、「中世文書『熊野山略記《くまのさんりゃっき》』に『南蛮《なんばん》が、天皇の命で熊野三党（地元の古い家系）に制圧された』とある。その南蛮が鬼に、三党が田村麻呂になった」と推測した。熊野は東北と交流が深い。英雄伝説が海路や街道経由でもたらされて、社寺の縁起に取り入れられたのだろう。

八百万《やおよろず》の神々の中で、熊野は地母神イザナミの人気が高く、夫君イザナキの影は薄い。なぜだろう。『イザナミの王国　熊野』で私は、「熊野三山に祀られるフスミ（夫須美）神、ハヤタマ（速玉）神の原郷は、『ハイヌウェレ神話』という穀物創世神話が伝わる赤道に近いインドネシアのセラム島である」という、一見突飛な説を立ててみた。

ヨーロッパの根底をなす文化をつくったケルト民族にも興味がある。ユーラシア大陸の東西の端っこの島で、沖を黒潮とメキシコ湾流が洗う熊野とアイルランド・スコットランド（島のケルト）には「同じような観念」「似た形の自然信仰」「通じ合う気質」がある。それに気付き、共通項を肌で味わおうと現地に出向いた報告が『熊野からケルトの島へ』だ。

わが借家は熊野灘に面した小湾を見下ろす斜面に建つ。大型船が行き交う水平線あたりに黒潮が流れている。私は熊野に来て以来、「黒潮のロマン」をテーマのひとつにしてきた。

黒潮は北赤道海流に端を発し、東シナ海を北上して台湾と石垣島の間を抜け、屋久島近くのトカラ海峡を通って九州の南で方向を東向きに変える。その後、本州の南岸に沿うように流れる。その一部は対島《つしま》海流となって日本海に流れ込む。それはメキシコ湾流と並ぶ世界最大級の暖流であり、太古の昔から日本列島にさまざまな文物・技術・作物・神話伝承、そして私たちの祖先を運んできた「不眠不休の海のベルトコンベア」である。私は、自分のルーツ（祖先はどこから来たか）とアイデンティティ（自分は何者か）を語りかけてくれるような黒潮に惹《ひ》かれて熊野にやって来た、と思っている。

本書はこれまでと同様、私なりに「文献にあたり、現場を踏む」「仮説を立て、それを検証する」「黒潮の彼方に思いをはせる」を念頭に置いた作品だ。

紀の川市神領《じんりょう》の海《かい》神社の祭神とその勧請《かんじょう》・遷座《せんざ》の由来やルートを謎解きふうに追ってみたこの著作は、あくまで私の「推論」で、それが「真実」だと言い張る気はない。「そこは違う」「こうではないか」といった反論もあろう。私が考察の対象とした延喜式内社《えんぎしきないしゃ》だけでなく、全国の海神社や類似名の神社をめぐる論議に、拙著が幾分なりともお役にたてればうれしい。

熊野から海神の宮へ◉目次

第三章　浦神

第四章　最初の祭神

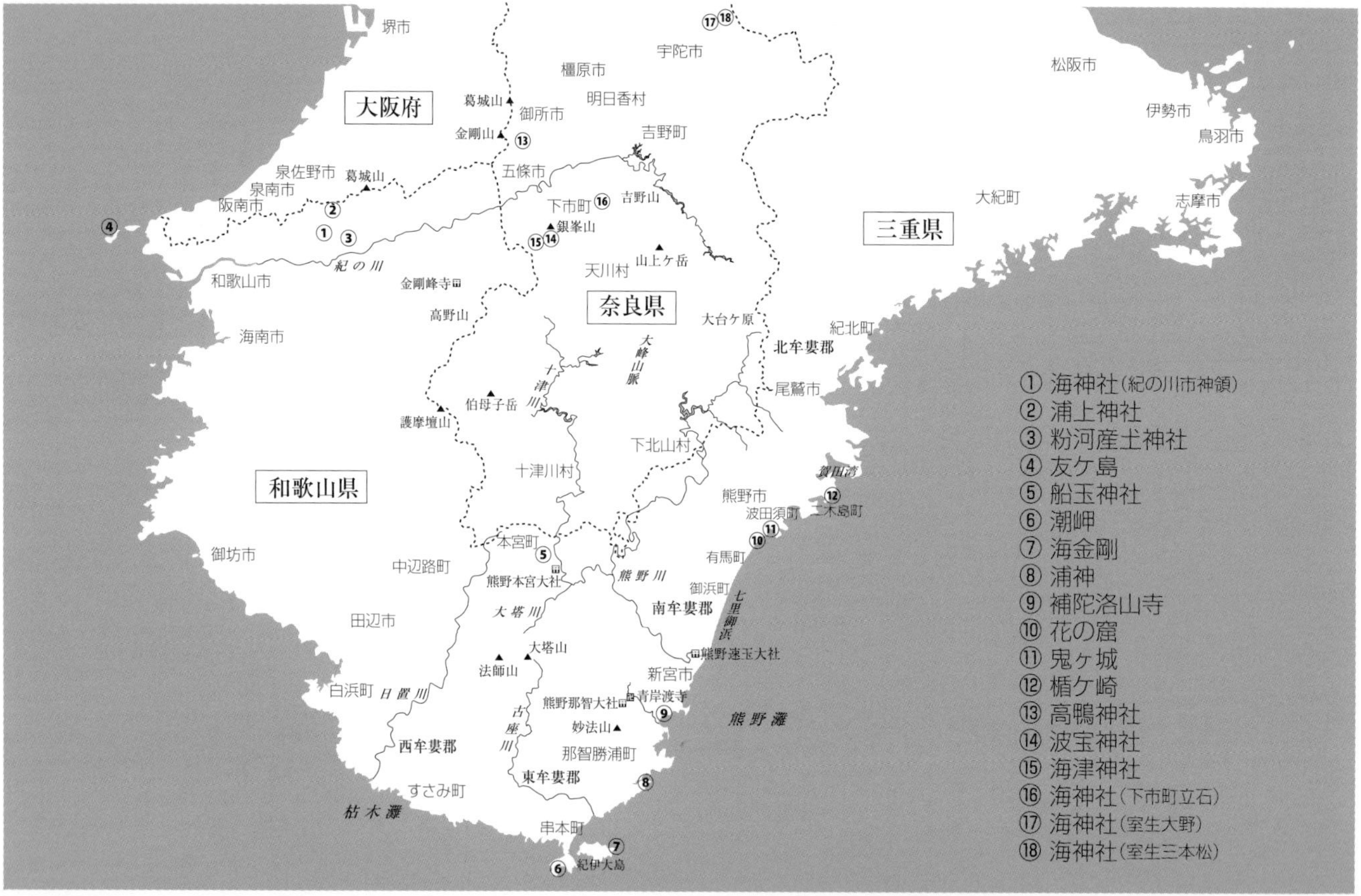
大阪府
奈良県
和歌山県
三重県
堺市
宇陀市
橿原市
松阪市
明日香村
葛城山
御所市
伊勢市
金剛山
吉野町
鳥羽市
泉佐野市
泉南市
阪南市
五條市
下市町
吉野山
銀峯山
大紀町
志摩市
山上ケ岳
天川村
紀の川
和歌山市
金剛峰寺
高野山
大台ケ原
紀北町
海南市
北牟婁郡
大峰山脈
十津川
伯母子岳
尾鷲市
護摩壇山
下北山村
賀田湾
十津川村
熊野市
波田須町
二木島町
本宮町
御坊市
中辺路町
有馬町
熊野本宮大社
熊野川
御浜町
七里御浜
大塔川
南牟婁郡
田辺市
大塔山
熊野速玉大社
法師山
新宮市
白浜町
日置川
熊野那智大社
青岸渡寺
古座川
熊野灘
妙法山
西牟婁郡
那智勝浦町
東牟婁郡
すさみ町
枯木灘
串本町
紀伊大島
① 海神社(紀の川市神領)
② 浦上神社
③ 粉河産土神社
④ 友ケ島
⑤ 船玉神社
⑥ 潮岬
⑦ 海金剛
⑧ 浦神
⑨ 補陀洛山寺
⑩ 花の窟
⑪ 鬼ヶ城
⑫ 楯ケ崎
⑬ 高鴨神社
⑭ 波宝神社
⑮ 海津神社
⑯ 海神社(下市町立石)
⑰ 海神社(室生大野)
⑱ 海神社(室生三本松)

プロローグ——始まりは素朴な疑問

海神社との出会い

探索行の発端は『紀伊続風土記《きいしょくふどき》』の一節だった。江戸後期に紀州藩が編纂《へんさん》した地誌である。

その那賀《なが》郡池田荘神領《じんりょう》村（現和歌山県紀の川市神領）に海神社という項目があるのが目に留まった。地図を見ると紀の川中流の右岸に位置している。「海辺から遠い社が、なぜ『海神社《かい》』なんだろう」。そんな興味から読んでみた。肝心なところを紹介する。

○海神社　　境内周四町半余　禁殺生

祀神《ししん》　豊玉彦命《とよたまびこのみこと》　拝殿
国津姫命《くにつひめのみこと》

末社四社
穂高見命社《ほだかみのみこと》　豊玉姫社《とよたまびめ》
玉依姫社《たまよりびめ》　事代主命社《ことしろぬしのみこと》

延喜式神名帳《えんぎしきじんみょうちょう》　那賀郡海神社
本国神名帳　那賀郡正二位　豊海神《とようながみ》
本国神名帳　那賀郡従五位上　浦上国津姫大神《うらがみ》

村中にあり　池田荘十六箇村の産土神《うぶすな》なり　按《あん》するに延喜式の海神社は　即《すなわち》　本国神名帳の豊海神にして寛文記《かんぶんき》に海上大明神《うながみ》といふ是《これ》なり　又別に浦上国津姫大神御坐《おんざ》して別殿に鎮《しずま》り坐せり　故《ゆえ》に本国神名帳に別にこれを載《の》せて一社とす
天正の兵火に社頭　悉《ことごとく》　焼失す　同十四年神主山田宿禰《すくね》秀延《ひでのぶ》仮殿《かりどの》を再建し二座の神を相殿《あいどの》に祀《まつ》り奉《たてまつ》る　（『紀伊續風土記㈠』、歴史図書社、一九七〇年）

『延喜式神名帳』は延長五年（九二七年）にまとめられた全国の官社一覧だ。そこに載った神社は式内社と呼ばれ、格上とされた。海神社は大層由緒のある社のようだ。

「本国神名帳」は「紀伊国神名帳」のことである。紀伊国内の神々を位階別に並べたものだが、作成年代ははっきりしない。それによると豊玉彦と同神とされる豊海神は浦上国津姫（国津姫）より上位に位置づけられている。

『日本三代実録』（平安時代、清和・陽成・光孝三代の天皇の時代の出来事を記した歴史書）は仁和元年（八八五年）十二月二十九日条で、浦上国津姫が「正六位上」から「従五位下」に昇格したと記す。これは海神社の祭神についての一番古い記録だ。『紀伊続風土記』はそのことも紹介している。

同神社では二神が別々の社殿に祀られていたが、ともに海神なので「海神明神」「浦上明神」など一つの神のように見られてきたようだ。天正の兵火（一五八五年、秀吉の紀州攻め）で社殿が全焼、翌天正十四年（一五八六年）に神主の山田秀延が仮殿を造り、二神を一つ社殿に祀った。そんなことが書かれている。

祭神は熊野から来た

私が注目したのは『紀伊続風土記』の次のくだりだ。

社伝に海神豊玉彦尊熊野楯《たて》ヵ崎《がさき》に在す　それより此の地に鎮り坐せりといふ　楯ヵ

紅葉の時期の海神社

崎は牟《む》婁《ろ》郡木本《きのもと》荘甫母《ほぼ》浦の東南十八町にあり　其《その》崎に向へる出崎に室古《むろこ》明神といふを祀る　是当社の古宮《ふるみや》ならんか　猶《なお》牟婁郡木本荘の条合《あわせ》考ふへし　按《あん》するに此地其神の神戸《かんべ》の地なるを以《もっ》て此地に斎《いつ》き祀りしなるへし　村名神領といふはこれによるならむ

又いふ　当社の鳥居三箇所にあり　熊野楯ヵ崎にあるを一の鳥居とし　南中村《みなみなか》にあるを二の鳥居とし　社地にあるを三の鳥居とすといふ

浦上国津姫尊は本国神名帳に天神の部に載す　神名他に見《あら》はるゝ所なけれはいかなる神か　詳《つまびらか》ならす　按するに牟婁郡太田荘に浦神《うらがみ》といふ村ありて今浦神の社なし　楯ヵ崎の社を勧請《かんじょう》

海から見た楯ケ崎（右手）。豊玉彦はそこから勧請されたとされる

の時此神も此地に遷《うつ》せるならん　牟婁郡太
田荘浦神村鹽竈《しおがま》神社の条合考ふへし

なんと、海神社の二神は熊野から勧請されたというのだ。熊野に移り住んで七年。その魅力にはまり、かなり「身びいき」になっている私にとっても、それは驚きだった。

『紀伊続風土記』によると、当時の神領村は田畑の収穫高三百十四石八斗七升三合、家数三十二軒、人数百六人の小村だ。しかしそのあたりは大阪湾や紀の川河口と大和を結ぶ水運そして南海道の陸運と、交通の要衝だった。海神社の近くには西国三十三所巡礼の第三番札所、粉河寺《こかわでら》もある。そんな場所の、しかも延喜式内社に、遠い熊野の岬や海浜から神々が勧請されたというのはどういうことだろうか。

紀州藩の地誌に書いてあることを、多少の解説を加えて整理すると次のようになる。

①豊玉彦は熊野の楯ケ崎（現三重県熊野市甫母町）にいらしたが、そこから神領に遷座された。楯ケ崎の向いの岬に鎮座する室古《むろこ》明神（現室古神社）が海神社の古宮だろうか。神領

浦神風景。左手の出崎に浦上国津姫が祀られていたという

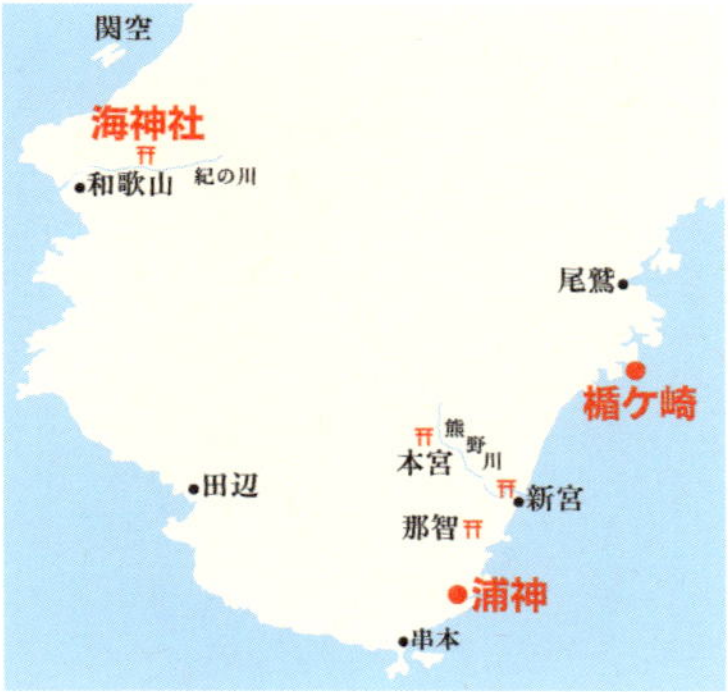

は豊玉彦の神戸（神社に所属した民戸・封戸《ふこ》。そこからの租税が収入になる）だったので、ここに祀られたのだろう。

②海神社の鳥居は楯ケ崎（一の鳥居）、南中村（二の鳥居）、社地（三の鳥居）と三か所にある。南中村は海神社の南方で、今同社の遥拝所がある。豊玉彦は楯ケ崎からいったんそこに祀られ、次に現社地に遷ってきた、とされている。

③浦上国津姫は「紀伊国神名帳」では（地祇《ちぎ》＝国つ神ではなく）天神（天《あま》つ神）に分類されているが、どんな神かよくわからない。牟婁郡太田荘の浦神村（現和歌山県那智勝浦町浦神）に今は浦神の社はない。楯ケ崎から豊玉彦を勧請したとき、一緒に遷座したのではなかろうか。

海神社と楯ケ崎と浦神。紀伊半島の三つの「点」はどんな「線」で結ばれているのか。私の謎解きの旅が始まった。

第一章

海神社

1　兵乱で焼失の社を再建

旅のスタートは、和歌山県紀の川市神領に鎮座する海神社だった。京奈和自動車道ができて、奈良方面から和歌山に向かう時間は大幅に短縮された。紀の川インターで降りて、広域農道を西へ少し行くと神社の森が見えてくる。あたりは緩やかな傾斜地で、南へ四キロメートルほど下ったところに紀の川が流れる。地味豊かな河岸段丘の上に田畑が広がり、家々が並んでいる。

銅板で屋根を葺《ふ》いた立派な拝殿の奥に本殿が建つ。境内に上る石段脇のイチイガシの大木に、子育ての季節になると番《つがい》のフクロウがやってくる。五月頃、子どもが巣立つ。

宮司家の伝説

二〇一六年九月五日、社務所で山田秀重宮司（昭和二十三年生まれ）と奥さんの幸代さんにお目にかかった。幸代さんも神職（権禰宜《ごんねぎ》）である。

「地元の人は『うながみ神社』とか『うながみさん』と呼びますが、戦後宗教法人の登録

海神社の山田宮司夫妻（紀の川市神領の同社で）

をした時の読みは『かい』神社でした」と山田氏は語る。和歌山県神社庁の『新編　和歌山縣神社誌』（二〇一〇年発行）は、海神社《かいじんじゃ》とルビを振っている。

宮司は代々山田姓を名乗ってきた。

「社の北方、葛城《かつらぎ》山系（和泉《いずみ》山系）の犬鳴山《いぬなきさん》には地名の由来となった伝説があります。天徳年間（九五七―九六一年）、この池田荘に山田姓の豪族がいて、海神社の神主でもありました。ある日、犬を連れて山に狩りに出かけたところ、突然犬が飼い主に吠え立てたのです。主人に吠えるとはけしからん、と刀を抜き犬の首をはねました。首は飛び上がって岩の上にいた大蛇の喉元にかみつき、それを殺しました。大蛇が主人を狙っていたので、危険を知らせようと吠え立てたのです。それがわかった山田某《なにがし》は忠犬に済まないことをした、と手厚く葬ったそうです。私は彼の子孫で八十代目の神主になります」

文亀二年（一五〇二年）に九条政基《まさもと》が書写した「大日本国和泉州日根郡犬鳴山七宝瀧寺《しっぽうりゅうじ》縁起」にその逸話が紹介されている。縁起は主人（猟師）の名を「池田庄の山田某」とし、「田地を不動堂に寄付した」「本尊も池田庄より飛来した」「毎年正月十三日には池田庄より法事に来る」などと記す。（『伏見宮家九条家旧蔵　諸寺縁起集』、宮内庁書陵部、一九七〇年）

犬鳴山七宝瀧寺は真言宗の寺院で、葛城修験者の行場になっている。後日私も訪ねてみた。

海神社の鏡池。祭神が光り輝く鏡として現れたという

山中のひっそりとした寺で、本堂から渓流に沿って少しくだったところに「義犬の墓」があった。

戦国時代の伝承

山田宮司は古代の名門氏族、忌部《いんべ》の血を引いているという。その血統を語るには、海神社に伝わる「海神《うながみ》系図」を紹介しなければならない。天正十四年（一五八六年）に海神社の神主山田大部宿禰《おおぶのすくね》秀延《ひでのぶ》という人物が記したとされる文書で、海神社の由緒について私の知る限り現存するもっとも古い史料だ。これから何度も触れることになるから、その本文を記しておきたい。読みやすいように句読点やルビを打った。

紀伊国那賀郡池田荘

海神系図

一　海神大明神者《は》、地神四代彦火々出見之尊《ひこほほでみのみこと》一躰、婦《（ママ）》豊玉彦尊と号す

一　別社浦上大明神国津姫命と号す

三代実録、延喜式、本国神名帳に見ゆ

右両神熊野立ヶ崎より出現し玉ひて、夫《それ》より池田荘北大井村に御鎮座《ごちんざ》まします。仍而《よって》末々海神森《うなかみのもり》とて有《あり》。是《これ》御鎮座所なり。然《しか》るに或夜、明神、先祖信貞《のぶさだ》に告《つ》ぐ。曰《いわく》、汝《なんじ》か祖ハ忌部之宿禰《いんべのすくね》たるを以《もっ》て憐事《れんじ》深し。向後《こうご》心を尽し吾に仕へよ、と見て夢覚《さめ》ける所に、山あひに神鏡あらはれ光かがやく。則《すなわち》斎祀《さいし》て海神之社と号す。是《これ》今之社地にて鏡池と云《いう》旧跡あり。一之鳥居熊野立ヶ崎にあり、二之鳥居池田荘中村に在《あり》、三之鳥居社地にあり。社領神領村也《なり》。

本社、末社、供殿《きょうでん》、拝殿、神楽殿、宝蔵等有し所、去年酉《とり》三月、根来《ねごろ》兵乱之時炎焼す。書物、記録等迄も不残《のこらず》焼失し、再建之便りもこれなき所、漸《ようや》く座子《ざこ》之助力を以《もって》、仮に本殿一宇《いちう》を建立《こんりゅう》す。御内陣に右相殿《あいどの》を合祀《あわせまつ》る。

一　仁和宮《にんなのみや》（仁和寺の門跡《もんぜき》＝筆者注）高野詣之節、神前之道、乗うち成難《なりがた》きよしを奏しければ、御気色に依《より》て築地を作らしむ。是より落馬のあやまちなし。

一　明神霊夢のこと、先祖信貞より六十七代、已来《いらい》養子不致《いたらず》、血脈相続《あいつづき》いたし候。しかれ供《ども》諸記録不残焼失故《ゆえ》、後代之《の》ために書残す。

一　御社再建願主　　神主　山田大部宿禰秀延

天正十四戌《いぬ》五月日　（花押《かおう》）

（『打田《うちだ》町史　第二巻　史料編Ⅱ』、一九八四年）

この文書は多くのことを語る。

まず背景から押さえておこう。年代は羽柴秀吉の紀州攻め（一五八五年）の翌年だ。根来・雑賀《さいか》衆など社寺や在地勢力を制圧した。この戦いで根来寺、粉河寺などが炎上したが、海神社も全焼したようだ。その再建に尽力したのが山田秀延である。

彼は自分が忌部氏の末裔《まつえい》である、とその血筋を誇示した。和歌山県立博物館主査学芸員の大河内智之氏は「海神系図」に関して「成立時期についてはなお慎重な検討が必要ですが、この文書は秀吉の紀州攻めという混乱期に神社を再建したという山田秀延が海神社の正統な後継者であることを主張するために、作成されたものでしょう」と私に語った。

古代以来の家柄

忌部氏は中臣氏《なかとみ》（後の藤原氏）と並んでヤマト王権の祭祀《さいし》を司った氏族だったが、次第に中臣氏に押され始めた。そんななかで、中臣に対抗して、平安時代初期に忌部氏族の伝統と由緒を記したのが『古語拾遺《こごしゅうい》』である。

忌部氏の本拠地（本貫《ほんがん》）は現在の奈良県橿原市《かしはら》忌部町あたりといわれるが、出雲、紀州、阿波、讃岐などにも根付いていた。『古語拾遺』によればこの氏族は宮殿建築などに長《た》けていた。アマテラスが天岩屋《あめのいわや》に隠れ大騒ぎになったとき、忌部の祖先神、手置帆負神《たおきほおい》と彦狭知神《ひこさしり》が山の木を伐って端殿《みずのみあらか》という宮殿を造った。この二神の子孫は神日本磐余彦《かむやまといわれびこ》（神武天皇）の即位にあたって正殿造りを担当したという。

『古語拾遺』は二神のうちの彦狭知神が紀伊国忌部の祖だ、と書いている。（『神道大系古典編五　古語拾遺』、神道大系編纂会、一九八六年）

2 建築に秀でた紀伊忌部

鳴神社を訪れる

海神社宮司の先祖、山田秀延が自分はその一族だという忌部氏の話を続けよう。

忌部氏に伝わる歴史書『古語拾遺』は「（紀伊国忌部の祖神の）末裔は今、紀伊国名草郡の御木《みき》・麁香《あらか》の二郷にいる」と記す。神話学者の松前健氏は「紀伊の忌部のいた名草郡の二郷は、『倭名類聚抄《わみょうるいじゅしょう》』（平安時代に作られた辞書＝筆者注）の名草郡忌部郷《いんべのさと》に当たり、付近には忌部山があった。ここは元来、紀の国における製材と建築などの工人の根拠地であったのであろう」と書いている。（「木の神話伝承と古俗」、『松前健著作集第12巻』、おうふう、一九九八年）

その付近に鳴《なる》神社があると聞いて二〇一七年二月二十三日に訪れた。和歌山市市街地の東部、近くに阪和自動車道が通る鳴神《なるかみ》地区に鎮座するこじんまりとした神社だが、式内社だったから格は高い。江戸後期の地誌『紀伊国名所図会《きいのくにめいしょずえ》』には鳴神社《なるかみのやしろ》として挿絵が載っ

和歌山市鳴神の鳴神社。紀伊忌部氏はこのあたりを本拠としていたようだ

ている。いまより広そうな境内を持つ社だ。「鳴神社御由緒」の木額には「当社は延喜式内名神《みょうじん》大社　往古《おうこ》紀伊湊《みなと》を開拓した紀伊忌部氏により創建せられた。主祭神天太玉命《あめのふとだまのみこと》及び祓戸《はらいど》の神速秋津《はやあきつ》彦命《ひこのみこと》、速秋津姫命を祀る」と記されている。神社の前で会った女性に聞いたら、近くに井辺《いんべ》という名の地区があるそうだ。忌部が井辺に転じたのだろう。

秀吉の紀州攻めで全焼した社殿を再建した山田秀延は、本当に忌部の血を引いているかどうか。「書物、記録など残らず焼失してしまった」というのだから、その真偽を確かめるすべはない。

紀の国は「木の国」であり、紀伊忌部は豊富な木材を使った宮殿建築で名をはせた。そんな家柄伝承が実際にあったのかもしれないし、秀延が宮の再建という仕事にふさわしい家系と自分をつなげて「箔《はく》」をつけようとしたのかもしれない。

三つの鳥居

紀州藩の地誌『紀伊続風土記』によれば、海神社の祭神豊玉彦命は熊野の楯ケ崎から、国津姫命は那智の浦神から、それぞれ勧請された。「なんで熊野から？」という疑問が、私を探索行に駆り立てた、とプロローグで述べた。

海神社蔵の「海神系図」（一五八六年）では豊玉彦、浦上国津姫両神とも楯ケ崎に出現したことになっている。ただ、三つの鳥居や、神がいったんそこにとどまったという北大井村の伝承など「海神系図」は豊玉彦中心に書かれている。つまり、その作成時点で、二神のうち豊玉彦が主要な祭神になっていたことをうかがわせる。

一方、「焼失後、二神を相殿《あいどの》に祀った」という表現は、それまで別殿に祀られていた二神が遷座のいきさつも異なっていたことを暗示していまいか。

「海神系図」は豊玉彦を彦火々出見尊だとしている。彦火々出見尊は山幸彦《やまさちひこ》（ホヲリノミコト）のことで、神話ではその孫が神武である。兄から借りた釣針を捜して海神《わたつみ》の宮へ行

海神社の例祭日には「二の鳥居」前で神事がある

ったホヲリは海神（『日本書紀』の一書《あるふみ》では豊玉彦）の娘、豊玉姫と結ばれるのだから、ややつじつまが合わないが、そのあたりは鷹揚にいこう。

ともあれ、楯ケ崎からの豊玉彦勧請伝承は「海神系図」が書かれた十六世紀後半には定着していた。それは注目していい。ある夜、山田秀延の先祖信貞の夢に明神が現れ「お前の祖先は忌部之宿禰だ。今後は心を尽して私に仕えよ」と告げる。目覚めると、山あいに鏡が輝いている。その場所に海神を祀ったのが海神社の始まりという。これは旧社地（北大井村）から現社地への遷座の由来譚《ゆらいたん》といえよう。神鏡がそこに現れたという鏡池は現在の境内の隣接地にある。

三つの鳥居のうち「二の鳥居」は本社の南方に位置する北大井地区と小道を挟んだ南中地区に立つ。そこが海神社の遥拝所になっており、例祭日はそこまで神輿《みこし》の渡御《とぎょ》がある。「一の鳥居」が楯ケ崎のどこにあるのか、いや実際あったのかは不明だ。後で現地の様子を報告するが、熊野灘に突き出た楯ケ崎にそれらしい鳥居やその跡はなく、付近にあるのは二木島《にぎしま》湾口を左右から守るように出崎に鎮座する阿古《あこ》師《し》神社と室古《むろこ》神社である。私は「一の鳥居」について、実在のものというより海神がそこに出現した聖所を示す観念上の存在ではないかと考えている。

船玉としての豊玉彦

豊玉彦が楯ケ崎に出現したという記述はもうひとつ、これも海神社に伝わる「日本一社船玉海神宮《ふなだまかいじんぐう》略記」にもある。弘化三年（一八四六年）に領内から寄付を集めるために神主や神社の世話人、総代が祭神の霊験を宣伝した文書だ。海神社を「船玉海神宮」と称している。

船玉（船霊）は海に生きる民が航海や漁の安全を祈願

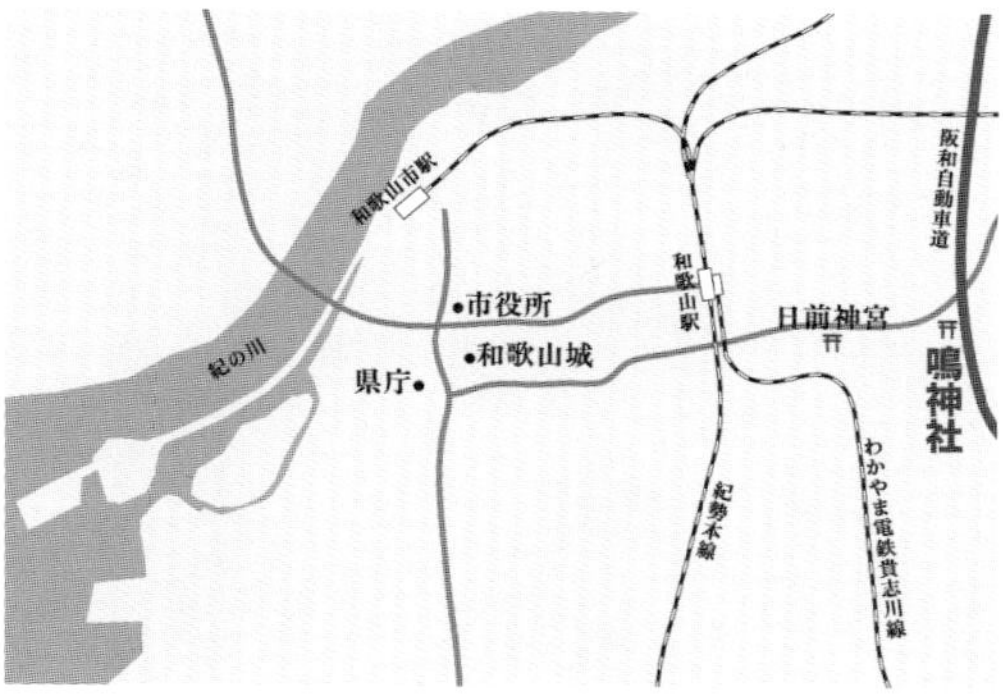

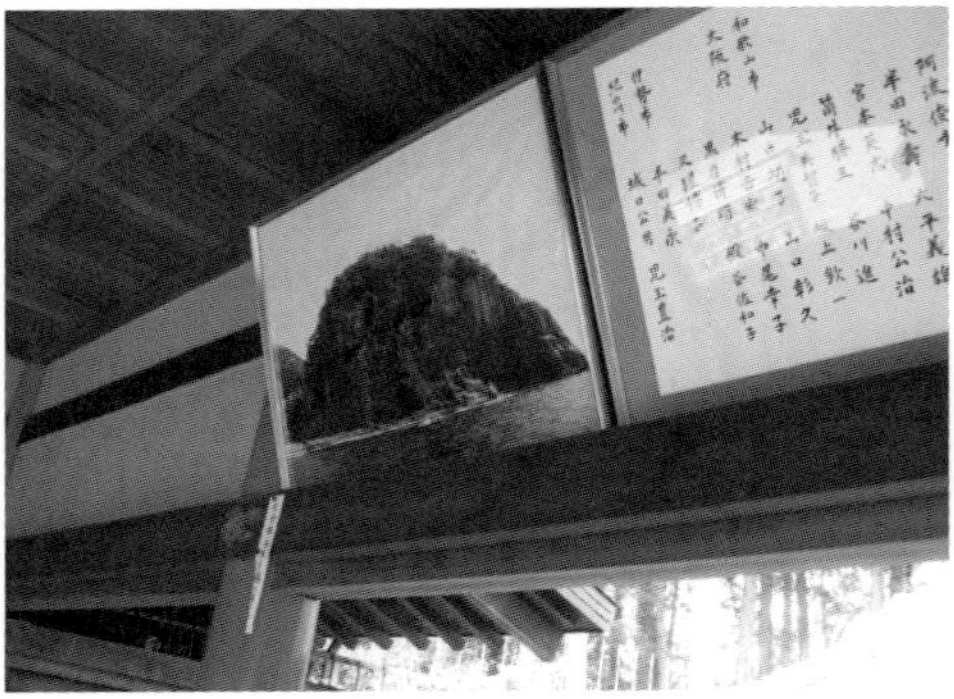

海神社の拝殿に楯ケ崎の写真が飾られている

する神だ。「略記」の中の「豊玉彦が熊野の楯ケ崎に出現し、北大井村を経て現在地に遷《うつ》った」「一の鳥居は楯ケ崎にある」などというのは「海神系図」からの書き写しだろう。「略記」の一部を紹介する。

当御神（豊玉彦命）ハ大洋《わだつみ》中の八大龍王を召使ひ玉《たま》ひ、小龍神及び諸龍に命して船持漁者之願《ねがい》に随《したが》ひ海上之激浪狂風《げきろうきょうふう》をしずめて、百里之波上を安全に往来なさしめ、又網目にいらせ玉ひて広物狭物大小の魚類をあつめて万民の為に漁《いさ》りなさしめ玉ふ、是《これ》御神の専《もっぱ》ら守り玉ふ所也、夫《それ》のみならず、商家之輩《やから》ハ此《この》御神を信仰する則《とき》ハ龍神の福宝を以《もっ》て、富之運を授け玉ふが故《ゆえ》に、不思議の利益《りやく》を得て終《つい》に富貴《ふうき》の身にいたらしむ（『神道大系　神社編四十一　紀伊・淡路国』、神道大系編纂会、一九八七年）

「略記」は祭神豊玉彦が、海運業者、漁民のみならず商業関係者を、はたまた「旅中のわざわい」からも守ってくれる有難い神様だ、とＰＲに余念がない。

ここで注目されるのは「海神系図」や『紀伊続風土記』が豊玉彦、浦上国津姫の二神を並べているのに対して、「日本一社船玉海神宮略記」は国津姫に一言も言及していないことだ。

後述のように、私は海神社の当初の祭神は浦上国津姫一神で、豊玉彦（豊海神）は後に加えて祀られた、と推測している。中世以降、戦国時代、江戸時代と時代がくだるとともに豊玉彦が前面に出て、国津姫を圧倒する形になったのではなかろうか。

3 御旅所へ神輿が渡御

海神社遥拝所

海神社に伝わる「海神系図」「日本一社船玉海神宮略記」とも、熊野の楯ケ崎から勧請された祭神豊玉彦がいったん那賀郡池田荘の北大井村にとどまり、そこから現社地に遷座した、と記す。

旧社地は海神社のある紀の川市神領から南方、紀の川へと下る緩い傾斜地を一キロメートル余り歩いた北大井地区にある。東西に走る小道をはさんだ北側の南中地区に「二の鳥居」が立つ海神社遥拝所がある。

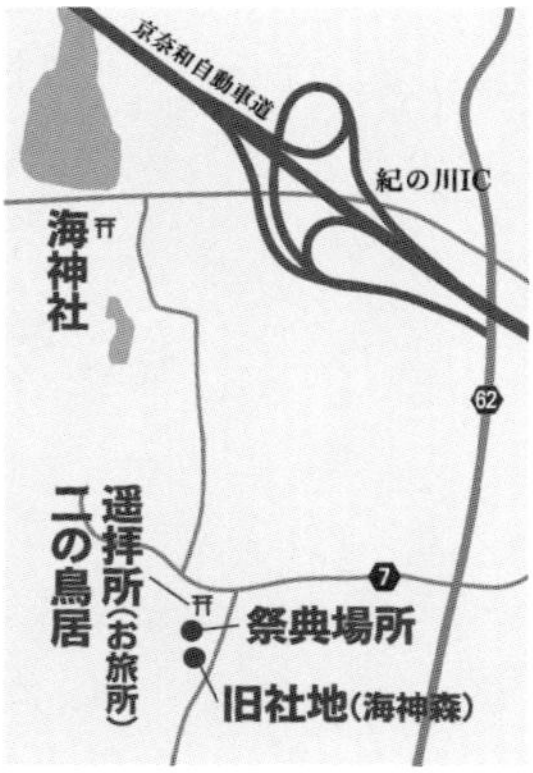

小道の南側は崇敬者が土地を提供、祭典の場として整備し神社に無償貸与している。そこの少し奥に竹藪がある。あたりの畑地の小《こ》字《あざ》は「海神《うなかみ》」。そこがかつて「海神森」と呼ばれた豊玉彦の旧社地という。本社―鏡池―二の鳥居―旧社地がほぼ南北一線に並んでい

海神社を出発する子ども神輿

ることが面白い。
遥拝所は「御旅所」と呼ばれ、海神社の祭礼の日は本社からそこまで神輿の渡御がある。子ども神輿が六台も繰り出すと聞いて、二〇一六年十月十六日の日曜日に熊野市から出向いた。
午前十時、本社の拝殿前で神事が始まった。子どもたちが、そろいのはっぴを着て集まっている。その数に驚いた。私が暮らす熊野市波田須《はだす》町で子どもの集団を見るのは、小中学校の遠足の行列に出会うときぐらいだ。「紀の川はまだ大丈夫だな」などと思う。
稚児の衣装に飾り帽子を冠った女児もいる。昼過ぎから拝殿で巫女神楽《みこかぐら》が、一時頃から境内で獅子舞、太鼓の奉納が行われ、一時半にいよいよ渡御が始まった。
豪華な大人神輿に、それぞれ趣向を凝らした子ども神輿が続き、そのあとに氏子たちが緩い坂道を「御旅所」に向かう。行列のしんがりを山田秀重宮司が歩いた。御旅所では簡単な神事があり、また本社に戻って餅まきをして、祭りは終わった。

「修験」のにおい

豊玉彦の遷座伝承コースは「楯ケ崎↓北大井↓神領」と一通りだが、もう一方の浦上国津姫の場合は「楯ケ崎↓神領」（「海神系図」）「浦神↓神領」（『紀伊続風土記』）のほかにもある。それは『紀伊国名所図会』だ。文化八年（一八一一年）から嘉永四年（一八五一年）の間に刊行された挿絵入りの地誌である。両神の遷座についての関連部分を紹介する。

社伝にいはく、豊海神《とようながみ》と申し奉《たてまつ》るは、豊玉彦命の又の御名《みな》にして、最上世《いとかみつよ》には、熊野楯が崎に坐《ましま》しけるを、いづれの御代《みよ》にか此社地に遷座し給ふ。浦上国津姫神は、

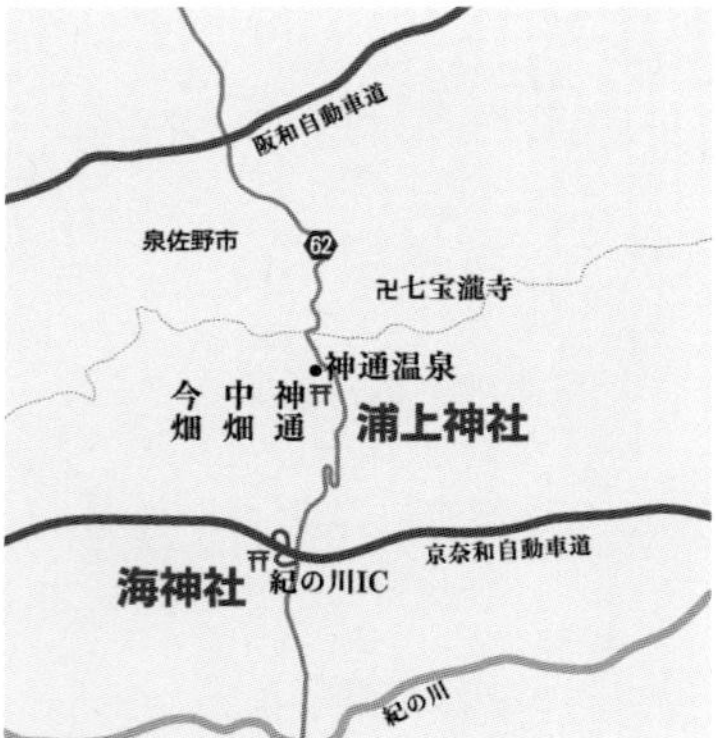

和泉国の海中より現れ給ひ、大木峠《おおぎ》を越えて神通畑《じんづうばた》に暫《しばらく》坐して、遂《つい》に此地に鎮座し給ふ。（『紀伊名所図会(二)』、歴史図書社、一九七〇年）

『紀伊国名所図会』の制作年代は江戸後期でさほど古くはないが、私はその記述を重視する。国津姫がたどった道筋を「和泉国（現在の大阪府南西部）→大木峠→神通畑（紀の川市神通）→現社地」と具体的に示しているからである。

大木峠は大阪府泉佐野市と和歌山県紀の川市を分ける和泉山系の山中にある。粉河街道と呼ばれる62号線は、古くからの交通路だった。

関西国際空港がある和泉の海から海人《あま》の奉じる女神が峠を越えた地に勧請されたというのは、海神社の祭神の遷座伝承の中で感覚的にもっとも理解しやすい。神通には国津姫命を祀る浦上神社が現存し、海神社の山田宮司が宮司を兼務している。神通の地名は「神がお通りになったところ」に由来するという。山田氏にお目にかかった二〇一六年九月五日、彼の車で連れて行ってもらった。

粉河街道を山中に向け北上、神通温泉の手前で左折すると、民家の裏手に浦上神社が鎮座する。割り拝殿の奥に木造の本殿が建つ簡素な社だ。本殿脇の石灯籠には「浦上大明神天明四年（一七八四年）」と彫ってあった。

山田氏が宮司を兼ねる浦上神社

神社は、すべて庄司《しょうじ》姓の地元五軒で守っている。今は泉佐野市に住んでいる庄司宏氏（昭和二十九年生まれ）が説明してくれた。

「今畑、中畑、神通畑。このあたりの三地区を合わせて三ケ畑と呼びます。お宮の秋祭りは以前は十月一日でしたが、今は十月九日。宮司さんが来て祝詞《のりと》をあげる。祭りの煮炊きは集落の男たちが行い、本殿の中に女性は入れません」

そんなしきたりに、私は「修験」のにおいを感じた。この地は葛城修験者の行場に近いからである。

葛城修験

葛城修験とは、葛城山系（和泉山系、金剛山地の総称）に設けられた二十八宿に役行者《えんのぎょうじゃ》（役小角《えんのおづぬ》）が法華経を埋納したとされる経塚《きょうづか》や、周辺の行場を巡る修行である。和歌山市加太《かだ》の沖合に浮かぶ友ケ島から始まり、大阪府と奈良県の境、大和川の亀ノ瀬まで続く抖《と》擻《そう》（山中を一心に歩く）路の犬鳴山、（和泉）葛城山、金剛山、（大和）葛城山麓などに行場がある。

神通の浦上神社は行場ではないけれど、抖擻ルートに近いため、二十八宿を回峯する修験者・行者が参拝し、碑伝《ひで》（行者札）を納める。拝殿の柱に打ち付けたり、柱のもとに立てかけたりした碑伝を何枚か見た。たとえば次のような札である。

浦上神社に奉納された青岸渡寺の碑伝（左）

平成十七年五月十二日
天下泰平五穀豊穣万民快楽
葛城修験　優婆塞《うばそく》（在俗の
修験者）鉄山

平成二十一年十月二十六日
奉修葛城二十八宿回峯行
葛城修験道　岩城組　東山

中には那智山の青岸渡寺《せいがんとじ》からやってきた修験者もいた。

平成二十八年　熊野修験
奉修行葛城入峯二十八宿天下泰平如意祈攸《きゆう》
四月吉祥日　那智山青岸渡寺

浦上国津姫が一時とどまったという山中の神社と葛城や熊野修験者の足跡。そこにどんな関わりと物語があるのか。そのことは後にゆっくり語ろうと思う。

第二章

楯ケ崎

1 火山活動が生んだ奇観

ここで海神社からいったん離れ、その祭神、豊玉彦と浦上国津姫がそれぞれ楯ケ崎と浦神から勧請された、と『紀伊続風土記』がいう熊野の地を訪ねてみよう。

楯ケ崎探訪

熊野灘は三重県熊野市の鬼ケ城《おにがじょう》から尾鷲《おわせ》市方面へ、リアス式海岸が続く。太古の火山活動でマグマが造った光景である。そのひとつ、熊野市甫母《ほぼ》町の海に突き出た岬が楯ケ崎だ。

二〇一六年十月八日、私は二木島《にぎしま》町に住む北野博一氏（昭和十一年生まれ）の案内で楯ケ崎に向かった。

国道311号から下ると時間がかかるので、近道をしてマグロ養殖の船が出入りする網《あ》代《じろ》地区の小屋の裏から岬に通じる遊歩道に入った。しばらく歩くと阿古師《あこし》神社に出た。二木島湾に面して鳥居が立ち、奥に社殿が鎮座する。

千畳敷から見た楯ケ崎

阿古師神社

熊野市教育委員会が二〇〇八年に作った案内板にこう書いてある。

「二木島湾を抱く東の岬にあり、対して西の岬に室古神社がある。（阿古師神社の）祭神は豊玉姫命、伊勢大神、三毛入《みけいり》野命《ののみこと》との説がある。『日本書紀』持統天皇六年（六九二年）阿胡《あご》の行宮《かりみや》において紀伊国牟《む》婁《ろ》郡の阿古志海部河瀬麻呂《あこしのあまのかわせまろ》の兄弟が鮮魚を献上したとあるのは、この神社である」

明治時代からの神社台帳『南牟婁郡神社明細帳』（三重県神社庁蔵）が挙げる阿子師（阿古師）神社の祭神は三毛入野命、天照皇大神《あまてらすすめおおかみ》、蛭子《ひるこ》命、大山祇《おおやまつみ》命、倉稲魂《うかのみたま》命で豊玉姫の名はない。三毛入野は神日本磐余彦《かむやまといわれびこ》（神武天皇）の兄、大山祇は山の神、倉稲魂は食物神である。

熊野市教育委員会が対岸の室古神社に建てた案内板には「祭神は海神豊玉彦命、ほかに熊野大神、稲飯命《いないのみこと》（神武のもう一人の兄）との説がある」と書いてある。

市教委は室古＝豊玉彦、阿古師＝豊玉姫という説を紹介したかったのだろう。この説は、プロローグで引用した『紀伊続風土記』の「豊玉彦は楯ケ崎から勧請され、海神社の古宮が室古神社か」という記述に引きずられたものだ、と私は思う。

夫天武を引き継いだ持統天皇は六九二年、臣下の反対を押し切って伊勢に向かった。『日本書紀』は持統が阿胡行宮に出かけた五月六日、魚介を献上した阿古志海部河瀬麻呂ら兄弟三戸に十年間の調役《ちょうえき》（献上物）・徭役《ようえき》（労働奉仕）を免除した、と記す。岩波文庫版の脚注は行宮（一時的な宮殿）が志摩国英虞《あご》郡にあったとするが、阿古師神社の地だったとの説もある。

拝殿の脇に石柱に囲まれて平たい石が二つ積まれ、椿が植えられた一角がある。北野氏は「ここが神社発祥の場所、と聞いています」というが、それ以上はわからない。

神の出現を実感できる場所

神社から楯ケ崎へは整備された遊歩道で九百メートルほど。千畳敷と呼ばれる海に面した岩盤の先に太古の火山活動が生んだ奇観、楯ケ崎がある。柱状節理という花崗斑岩《かこうはんがん》の立柱が楯を並べたように見えるから、その名がついた。岩壁を荒波が打つ、そのあたりの景観を『紀伊続風土記』は「石壁《せきへき》千尋《ちひろ》其石《そのいし》皆《みな》斬厳《ざんげん》森列《しんれつ》屏立《びょうりつ》して大海の怒濤《どとう》衝撃する形勢の雄猛なる人の胆気《たんき》を奪ふ」と漢詩調に形容している。この絶景に接した古人《いにしえびと》が「海神《わたつみ》がここに出現した」と想ったのもむべなるかなである。

北野氏は「楯ケ崎の中腹にエビスさんが祀られ、神社や鳥居もあった、と聞いたことがあります」と語る。エビス神（蛭子、恵比寿、戎など漢字名はいろい

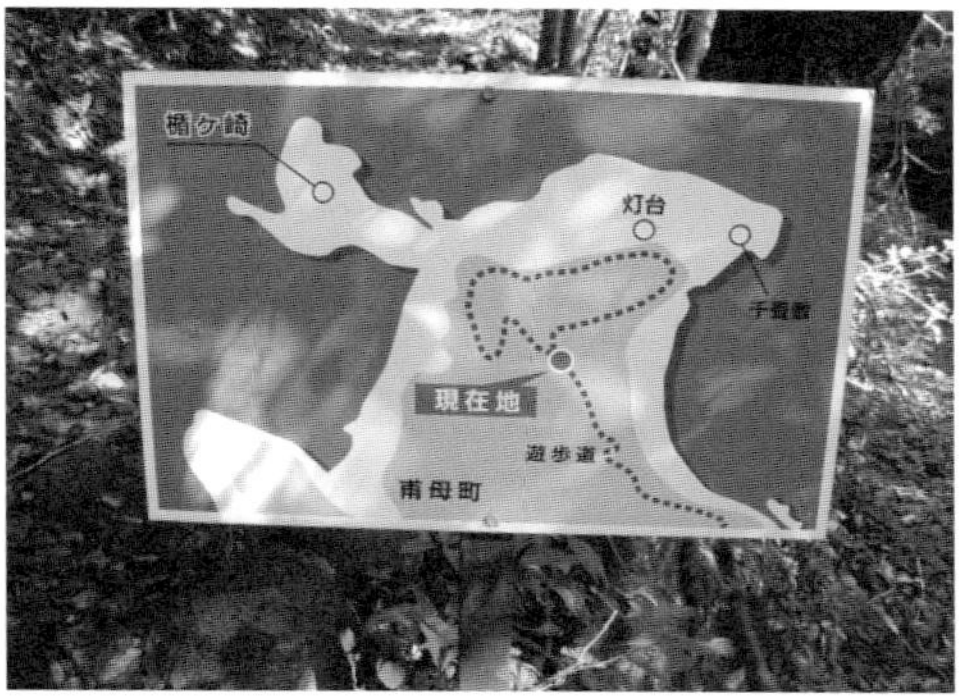

遊歩道の案内板

ろ）は、イザナキ・イザナミ神の「まぐわい」から最初に生まれた骨なし子で葦船《あしぶね》に乗せて流されたヒルコだともいう。漁民の信仰が厚く、楯ケ崎の対岸に浮かぶ笹野島にも祀られていたそうだ。阿古師神社の祭神の中の蛭子命は楯ケ崎から合祀されたのかもしれない。千畳敷の端に無人の灯台が立つ。昔から船の難破が絶えないこのあたりでは大切な「灯」である。近くに「神武天皇上陸之聖跡碑」があった。昭和三十四年（一九五九年）九月の伊勢湾台風の時の大波で流され、今は石段や台座が残っているだけだ。

対岸に向かい合う室古神社

和歌山県紀の川市に鎮座する海神社の祭神豊玉彦が楯ケ崎から勧請されたというのなら、ゆかりの神社は岬の付け根にある阿古師神社がふさわしそうである。しかし、『紀伊続風土記』が「海神社の古宮か」と書いたのは対岸の室古神社だ。これはどうしたことだろう。『紀伊続風土記』は「室古は牟婁の神。牟婁郡の東の端に位置したから熊野権現を祀って牟婁という」「阿古師は英虞の神。志摩国英虞郡の西南の端で伊勢神宮の神領だから太《だい》神宮《じんぐう》を祀っているのだろう」などと解説している。「熊野から勧請された」という以上、阿古師神社ではまずいのだろうか。

室古神社には何度か行ったことがあるが、後日、再訪した。こちらは近くまで車で行かれる。参道の海辺には社を守るように石垣が築かれている。境内の奥に拝殿と本殿が建つ。石垣の上に上がると、対岸に阿古師神社の鳥居が見えた。

『南牟婁郡神社明細帳』が記す室子（室古）神社の祭神は稲飯命、底筒男命《そこつつのをのみこと》、倉稲魂命だ。阿古師神社と室古神社になぜ神武の兄たちが祀られているのか、底筒男命はどんな神か。それについては次に語りたい。

室古神社で見た鹿の群れ

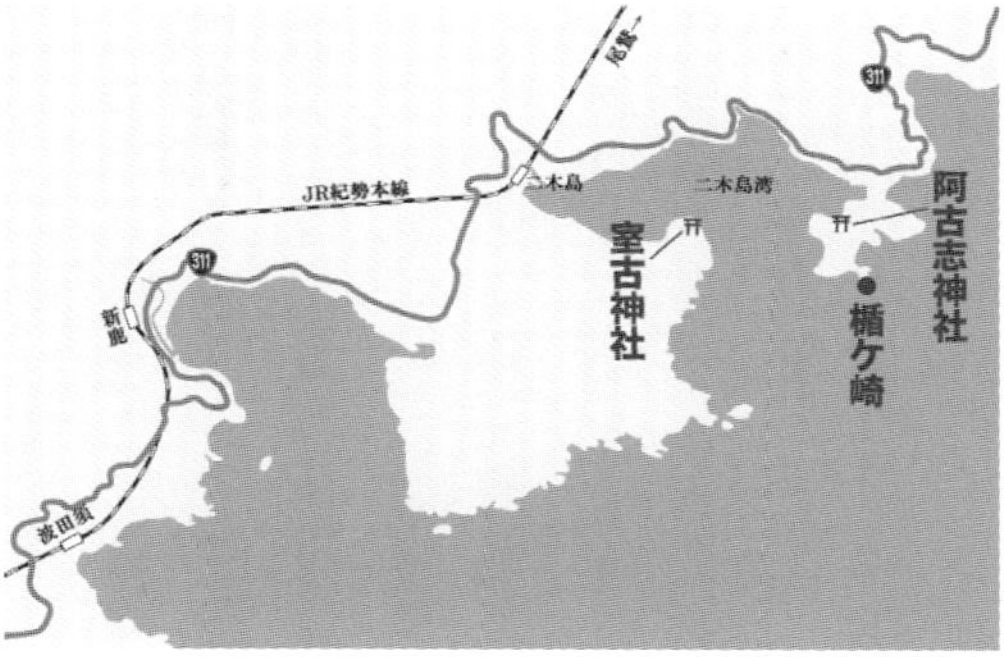

室古神社の裏に小さな池があり、木々を通して鹿の群れが見えた。

小鹿たちが何か食べているのか首を下げている間、角の生えた親鹿は身動きせず、じっと私のほうをうかがっている。しばらくして群れは背後の森に姿を消した。

2 伝承に由来する海の祭り

『日本書紀』と地元の伝承

阿古師神社、室古神社に神武の兄がそれぞれ祀られているのはなぜか。それはこの地を特別な場所にしている神話物語があるからだ。

『日本書紀』をひもといてみよう。

「東のほうに、天下を治めるにふさわしい良い土地がある」と日向《ひむか》を発ち東征の旅に出た神日本磐余彦（神武天皇）には五瀬命《いつせのみこと》、稲飯命、三毛入野命という名の三人の兄が付き添った。

長兄の五瀬は宿敵長髄彦《ながすねびこ》との戦いで深手を負って死ぬ。生駒《いこま》越えができずに敗退した神武軍は紀伊半島に沿う海上迂回作戦を取る。そして熊野に上陸する直前、稲飯と三毛入野が嵐の海に飲み込まれるのである。

その場面はドラマチックだ。稲飯は「ああ、わが先祖は天神《あまつかみ》、そして母は海神《わたつみ》である

二木島湾に向かって立つ阿古師神社の鳥居

のに、どうして我を陸に苦しめ、また海に苦しめるのか」と嘆く。そう言い終えると剣を抜いて海に入り、鋤持神《さびもちのかみ》になった。三毛入野も「わが母と伯母《おば》は海神なのに、どうして溺れてしまうのか」と嘆き、波頭を踏んで常世《とこよ》の国に旅立つ。

高天原《たかまがはら》から地上に降り立ったニニギノミコトの子、ホヲリ（山幸彦）は海神の娘豊玉姫と結ばれ、ウガヤフキアエズが生まれる。彼が豊玉姫の妹玉依姫《たまよりびめ》を娶《めと》って誕生したのが神武兄弟だから「母も伯母も海神なのに」と嘆息したわけだ。

地元の二木島に伝わる伝承によると、浜の民たちは稲飯と三毛入野を救うためカツオ漁の船で嵐の海に向かった。しかしともに助からず、亡骸《なきがら》を湾口を挟んだ岬にそれぞれ葬った。そこが室古神社と阿古師神社だという。

熊野灘沿岸には「神武天皇の上陸地はここだ」と地元が主張してきた場所が四か所ほどある。南から和歌山県那智勝浦町浜ノ宮、新宮市三輪崎、三重県熊野市二木島町・甫母町そして大紀町《たいき》錦である。二木島町には「神武天皇頓宮《とんぐう》（仮の宮）跡」という場所もある。

ヤマト王権の創始者が上陸し、その兄が古代人が憧《あこが》れる異郷「常世」にそこから旅立った。楯ケ崎は「海神がそこに出現した」という伝承を生むにふさわしい地でもあったのだ。

平安中期の僧で歌人でもあった増基《ぞうき》はその熊野紀行文『いほぬし（庵主）』にこの地のことを書き残している。


たてが崎といふ所あり。かみのたゝかひしたる所とて、たてをついたるやうなるいはほどもあり。うつ浪にみちくる汐《しお》のたゝかふをたてが崎とはいふにぞ有《あり》ける（増渕勝一編著『いほぬし本文及索引』、白帝社、一九七一年）

「神の戦ったところ」というのは、神武が上陸に当たって地元の族長・丹敷戸畔《にしきとべ》を倒したという神話を踏まえているのだろうか。

姿消した海の祭り

神武の兄たちを救うべく漁民が嵐の海に漕ぎ出した。そんな伝承に由来するのが二木島祭である。私は二〇〇七年十一月三日に行われた祭典を漁船に乗せてもらって海上から見学することができた。「関船《せきぶね》」と呼ばれる二隻の櫓船《ろせん》が室古、阿古師神社を巡りながら速さを競う勇壮な祭りである。

「関船」は二木島町と、同じ湾内の二木島里町から漕ぎ出された。上半身裸の男たち三、四十人がそれぞれ乗り組む。櫓の数は左右に四本ずつ、一本に三人がしがみつく。

男たちはまず稲飯命を祀る室古神社

阿古師神社の対岸に鎮座する室古神社

に上陸した。社殿の前に敷かれたござの上に着飾った母と子が座っている。その年の当屋《とうや》の家族だという。神事の間に甘酒のもとが振る舞われた。手のひらに乗せられたそれをなめると、懐かしい味が口の中に広がった。

早漕ぎレースは、室古神社から阿古師神社に向かうとき、阿古師神社での神事を終えて再び漕ぎ出したとき、そして二木島港に戻る途中の計三回行われた。

「関船」はときおりぶつかりそうになるほど接近する。船上の太鼓の音、男たちの掛け声が一段と高くなり、見ている私たちもつい熱が入った。勝ったほうの地区が豊漁に恵まれると言い伝えられてきたので、昔はそれこそ必死の形相だったそうだ。

残念ながら、この海の祭りは二〇一〇年が最後になってしまった。漕ぎ手の不足などが原因だ。現在は両神社で神事を行うだけだという。過疎化で地方の祭りが姿を消していくのを目の当たりにするのは悲しい。

海との深いつながり

室古神社に祀られている底筒男命（底筒之男命）はどんな神か。この神は、妻イザナミの変わり果てた姿に驚き、黄泉国《よみのくに》から逃げ帰ったイザナキが、筑紫の阿波岐原《あわきはら》というところの水中で穢《けが》れた身体を清める禊《みそぎ》をしたときに生まれた。

『古事記』によれば、水の底での禊で生じたのが底津《そこつ》綿津見神《わたつみのかみ》と底筒《そこつつ》之《の》男命《をのみこと》、水の中間で生じたのが中津《なかつ》綿津見神と中筒《なか》之男命、水面で生じたのが上津《うわつ》綿津見神と上筒《うわ》之男命である。『古事記』は「綿津見三神は阿曇連《あづみのむらじ》らの祖神《おやがみ》で、筒之男三神は墨江《すみのえ》（住吉）に祀る大神だ」と記している。『日本書紀』も充てる漢字は異なるが「底筒男命・中筒男命・表《うわ》筒男命は住吉大神《すみのえのおおみかみ》、底津少童命《そこつわたつみのみこと》・中津少童命・表津少童命は阿曇連らが祀る神だ」と語っている。

阿曇（安曇）氏は古代の海人《あま》族で、瀬戸内海を中心に主に沿岸航路をおさえていた。住吉三神は大阪市住吉区に鎮座する住吉大社（全国の住吉神社の総本社）の祭神である。遣唐使が派遣された時はそこに航海の無事を祈願するなど、ヤマト王権とのつながりの深い神であり神社だった。また、それぞれが崇《あが》める神々が誕生したいきさつなどから阿曇（安曇）系と住吉系の海人は関連している。

「わたつみ」は海神、綿津見、少童などと表記される。室古神社に底筒男命が祀られていることは、楯ケ崎近辺に住吉系の海人が住んでいたことをうかがわせる。

第三章

浦神

1　国津姫の旧地を訪ねる

浦神にある鹽竈神社へ

楯ケ崎と阿古師《あこし》神社、室古《むろこ》神社を回ったら、次の目的地は和歌山県那智勝浦町浦神。海神社の祭神浦上国津姫命がそこから勧請されたという場所である。

浦神は長い半島がつくる浦神湾に面した海浜の町だ。かつては鰹節の生産、真珠の母貝の養殖などで賑わった。現在はカツオ、マグロ、伊勢エビ、アワビ、サザエ漁などに従事する。一九六〇年に設立された近畿大学水産研究所浦神実験場では、魚の人工ふ化や「えさ」の研究が行われている。

まず『紀伊続風土記』が描く江戸後期の牟婁郡大田荘浦神村の様子を紹介しよう。地形の部分はやや長いので、一部省略のうえ現代文にしてみた。

浦神村

下田原浦《しもたわらうら》のほぼ東の方角一里八町（約五キロメートル）にある。村の西方、下田原浦との境から山並みが南北に分かれ、相対して東のほうに出ている。その間の湾は南北の距離は四町ばかりだが、東西は湾口から一番奥まで、その長さは南北の十倍にもなる。そんな湾を挟んで家々が並ぶ。村の北側の本村には大辺路《おおへち》街道が通り、南は向地《むかいじ》と呼ぶ。田地は海面とほぼ同じ高さだが、湾内の波風は静かなので海水が流れ込むことはない。湾の水深は深く、大きな船も停泊できる。湾内に大床島《おおどこ》、鍋島《なべ》、取子島《とりこ》がある。

○鹽釜《しおがま》六社明神社

村中にあり一村の産土神《うぶすなかみ》とす　此地に旧浦神と称せし神坐《ま》しけるに何《いず》れの時にか那賀郡池田荘神領村に遷座《せんざ》し給へり　那賀郡海神社の条合《あわ》せ考ふへし　其《その》旧地に小祠《しょうし》を建て猶《なお》浦神社と称して産土神とせしに　後世鹽釜明神を勧請して産土神とし浦神社を末社とせり

今も境内に浦神の小祠あり　村名を浦神といふは其神名より起れるなり（『紀伊續風土記㈢』、歴史図書社、一九七〇年）

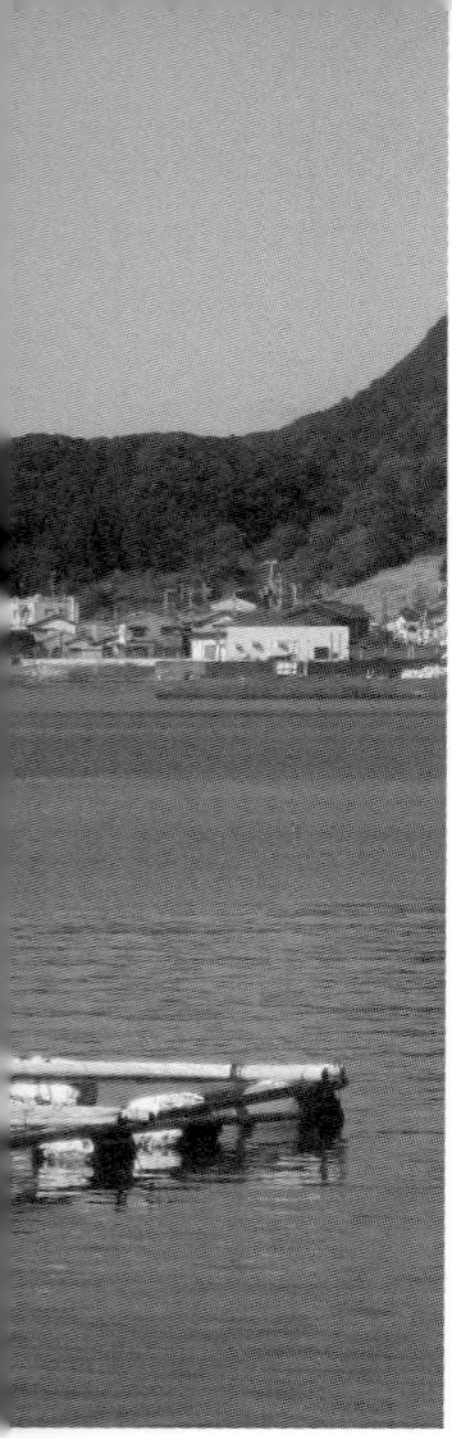

浦神のひとたちは、ＪＲ紀勢線や国道42号が通る地区を「西」（『紀伊続風土記』では北）、対岸を「東」（南）と呼ぶ。漁家が並ぶ東地区は、西地区を「地べた」というそうだ。地面（田畑）が多いからだろうか。

『紀伊続風土記』によれば、浦神（海神社では浦上国津姫）は神領村に遷座した後も「浦神社」に祀られていたが、同社は鹽釜明神が勧請されたのでその境内末社となったという。

現在はどうなっているのか。二〇一六年九月十三日、私は熊野市から国道42号を南下、浦神に向かった。鹽竈《しおがま》神社の社務所で並川廣区長（昭和二十四年生まれ）、宮総代の畑下久和氏（十二年生まれ）らが待っていてくれた。

小島が陸とつながる

鹽竈神社では天鈿女命《あめのうずめのみこと》（天宇受売命）を主祭神に、市杵島姫命《いちきしまびめのみこと》（市寸島比売、市杵嶋姫）、事代主命《ことしろぬしのみこと》

浦神の町。中央が陸続きになった男床島

の三神を祀っている。そして境内社として浦上神社がある。

天鈿女はアマテラスが隠れた岩戸の前で官能的に踊った女神、事代主は大国主《おおくにぬし》神の子で出雲系の神である。

一方、市杵島姫は宗像《むなかた》系の海人が信

奉した女神だ。

まずは、浦上国津姫の旧社地だとされる場所に連れて行ってもらった。そこは今、厳《いつく》島《しま》神社（弁天神社）と呼ばれている。

鹽竈神社から国道を渡って湾内に突き出た弁天崎に向かう。小高いところに厳島神社が鎮座するそこは地元で男床島《おんどこ》と呼ばれた島だった（『紀伊続風土記』では大床島）。明治三十六年（一九〇三年）、男床島のすそに移転した浦神小学校建設にあたって海を埋め立てて、陸続きになった。

「竜宮かとも見ゆるまで　入り江に高くそびえたち　ガラスに日ざし輝きて　よき窓多く並びたり　われらが浦神小学校」

佐藤春夫作詞の校歌である。畑下氏は「教室の窓から、魚が泳いでいるのが見えました」と記憶をたどる。

二〇一三年に廃校になった小学校の脇から狭い道を上ると、頂上に朱塗の鳥居と社殿が見えた。手水鉢《ちょうずばち》には明治四十四年（一九一一年）の彫りがある。

昭和十九年（一九四四年）十二月七日午後一時三十六分に起きた東南海地震の時、浦神小の児童たちは神社まで上って難を逃れた。

厳島神社は地元では「弁天様」のほうが通りがいい。毎年一月二十四日と七月二十四日

浦神の弁天崎にある厳島神社（弁天神社）

がそのお祭りという。

厳島神社（弁天神社）の場所に浦上国津姫が祀られていたというが、では『紀伊続風土記』が「いかなる神か詳《つまびらか》ならす」と首をひねるその正体はなんだろうか。

私の推論を先に言えば、浦上国津姫は北九州を本拠地とした宗像系海人族が奉《ほう》斎《さい》した宗像三女神、とりわけその中の市杵島姫と関係が深いと思う。

三女神はアマテラスとスサノヲ姉弟の誓約《うけい》で誕生した。「うけい」とは、あらかじめ『こうなる』と宣言し、その通りになるかならないかで正邪を判断する、古代の占いである。

『古事記』はこう語る。「亡き母イザナ

市杵島姫を祀る宗像大社の辺津宮（福岡県宗像市田島）

ミのいる根の堅州国《かたすくに》に行きたい」と泣き叫び、父イザナキから追放されたスサノヲはアマテラスに暇乞《いとまご》いしようと姉を訪ねる。「高天原《たかまがはら》を乗っ取りに来たんじゃないか」と身構えたアマテラスに対し、邪心がないことを示そうと誓約を提案したのだ。

そこからたくさんの神々が誕生した。アマテラスがスサノヲの持っていた剣をかみ砕き、吐き出した息の霧から多紀理毘売命《たきりびめのみこと》（『日本書紀』では田心姫《たこり》）、市寸島比売命《いちきしまひめのみこと》（市杵嶋姫）、多岐都比売《たきつひめの》命《みこと》（端津姫《たぎつ》）がそれぞれ誕生する。『古事記』は三女神について「タキリビメは胸形（宗像）の奥《おき》津《つ》宮に、イチキシマヒメは中津宮《なかつ》に、タキツヒメは辺津《へつ》宮に鎮座している。この三神は胸形の君らが崇め奉っている神である」と解説している。胸形の宮は福岡県宗像市にある宗像大社のことだ。

2　宗像の神と深くつながる

世界遺産になった宗像大社

福岡県宗像市に鎮座する宗像大社は全国に散らばる宗像系神社の総本社だ。宗像市田島の辺津宮に市杵島姫を、十一キロメートル沖の大島にある中津宮に端津姫を、そして玄界灘の真ん中に浮かぶ沖ノ島の沖津宮に田心姫を祀る。

周囲四キロメートルほどの沖ノ島には四世紀から九世紀の祭祀遺跡があり、八万点にのぼる遺物はすべて国宝に指定され、「海の正倉院」とも呼ばれる。沖ノ島など宗像大社の関連資産は二〇一七年七月、ユネスコの世界文化遺産に登録された。

宗像三女神を奉斎してきたのは、阿曇《あづみ》（安曇）、住吉と並ぶ有力な海人である宗像一族である。沖ノ島は北九州から対馬《つしま》を経て朝鮮半島へ渡る海路に位置する。ヤマト王権にとって宗像系海人の協力は欠かせなかった。瀬戸内海など内航路をおさえる阿曇系海人が奉じた綿津見《わたつみ》（少童）三神が黄泉《よみ》の国から逃げ帰ったイザナキの禊から生まれたように、宗

浦神の鹽竈神社。社殿は小山の上にある

像三女神がアマテラスとスサノヲの誓約（古代の占い）から誕生したという物語に仕立てたのは、有力海人族を王権内に取り込む政治的意図の産物だろう。

浦上国津姫を祀る境内社の浦上神社（右下）

市杵島姫から浦上国津姫へ

私は前に「浦神から海神社に遷座したとされる浦上国津姫は宗像三女神、とりわけ市杵島姫と関係が深いと思う」と述べた。

そう推測する理由はいくつかある。

①浦神国津姫は、新たに浦神地区の産土神社となった鹽竈神社の境内社・浦上神社に祀られている。一方、市杵島姫は鹽竈神社の配祀《はいし》神だ。それらはこの二神の関係を示唆していまいか。

②浦神湾に突き出た弁天崎（男床島）の厳島神社は「安芸《あき》の宮島」として名高い広島県廿日市《はつかいち》市の古社と同名だ。宮島の厳島（嚴島）神社の祭神は宗像三神である。「イックシマ」は「イチキシマ」に通じる。

③浦神の厳島神社は弁天神社とも呼ばれている。市杵島姫は仏教の弁財天（弁天）と同一視されることが多い。海辺や小さな島でよく祀られている弁財天に習合したことは、それだけ身近な神だったともいえよう。

④山口県防府《ほうふ》市富海《とのみ》に海神社の祭神と同名の国津姫神社がある。山口県神社庁のサイトによれば、主祭神は宗像三女神で配祀神は神夏磯姫命《かむなつそひめのみこと》。三女神は「天津神《あまつかみ》」、後者は「国《くに》

津神《つかみ》」として祀られているという。神夏磯姫は『日本書紀』で熊襲《くまそ》討伐に向かった景行《けいこう》天皇に帰順した女首長として登場する。地元の族長にちなんで、よりなじみやすい名の国津姫神社と呼ばれるようになったのだろう。

⑤私は海神社の山田秀重宮司から「御祭神及由緒沿革」という文書のコピーをいただいた。昭和の初め、ある書生が一か月ほど同社に泊まり込んで書き上げたものだという。神道や神話に詳しいとみえ、いろいろな史料や文書を引いて論じている。その中で「当社の祭神国津姫命は宗像三女神が合体した尊号であることは疑う余地がない」と主張している。

浦上国津姫の名を分解すると、浦（漁村）を守る国津（その土地の、土着の）姫（女神）となる。どこにでもいそうな一般的な神名ともいえよう。

日本武尊《やまとたけるのみこと》（倭建命）は日本（大和）の武（勇猛な）尊（皇子）で特定な人物というより、ヤマト王権の勢力拡大に当たった武人たちを代表する英雄像だろう。また第十一代の垂仁《すいにん》天皇の時代、アマテラスの御杖代《みつえしろ》（杖代わりの奉仕者）として伊勢までの巡幸に付き添ったと『日本書紀』が記す倭姫命《やまとひめのみこと》は「大和のお姫様」ぐらいの意味だと思う。

古《いにしえ》、和泉国（大阪府南西部）の海浜や浦神の地に定着した宗像系の海人が、操業の安全や豊漁を祈って市杵島姫を祀った。時が経つうちに、難しい名前より「うらがみ」（浦上、浦神）と愛称されるようになり、地元の神として浦上国津姫になったのではないか。

そんな道をたどったであろうこの女神は、海神社に勧請されたとしても浦神の地から「いなくなった」のではなく、厳島神社や鹽竈神社の境内社の祭神として、「ちゃんといらっしゃる」。日本の神様は合祀・分祀・遷座など融通無碍《ゆうずうむげ》なのだ。

天つ神と国つ神

興味深いことがある。神々の名前や神階（神位）を並べた「紀伊国神名帳」で那賀郡の浦上国津姫大神は「天神（天つ神）」に、豊海神（豊玉彦）は「地祇《ちぎ》（国つ神）」にそれぞれ分類されていることだ。両神は海神社の祭神とみて差し支えあるまい。なぜ国津姫が「天つ神」の仲間に入っているのだろうか。

「紀伊国神名帳」がいつ作成されたのか、については後述するとして、この文書には「那賀郡坐《ながのこおりにいます》」神社のうち「天神三社」の中に「従五位上　浦上国津姫大神」が載り、「地祇四社」の中に「正二位　豊海神」が載っている。

豊海神は、高天原から降臨したニニギの子、ホヲリ（山幸彦）と結ばれた豊玉姫の父親だから「国つ神」だというのはわかる。

一方、私が浦上国津姫と関係深いと推測する宗像三神は、アマテラスとスサノヲの誓約《うけい》から誕生したというのが微妙なところだ。

鹽竈神社の社務所に掲げられた文化十三年（1816年）の絵馬。那智勝浦町文化財だ

アマテラスの子なら文句なく「天神（天つ神）」だが、『古事記』のアマテラスは「女の子はあなたの剣から生まれたから、あなたの子よ」と言う。スサノヲは皇祖神アマテラスの弟という面と出雲の神大国主につながる系統という両面を持っている。

私としては、「紀伊国神名帳」の作者が浦上国津姫に宗像の神とアマテラスの「影」を感じて「天神」に分類した、と思いたい。我田引水にすぎるだろうか。

再び鹽竈神社へ

話がちょっと横道にそれた。那智勝浦町の浦神に戻ろう。

浦上国津姫の旧社地を引き継いだという厳島神社（弁天神社）を訪ねた私は、再び国道42号を渡り、JR紀勢線の浦神駅近く、踏切の手前に鎮座する鹽竈神社に戻った。朱色の鳥居をくぐると正面に小山がある。シイの木が生い茂って社殿は見えない。そこに上る階段わきに宝暦五年（一七五五年）の石灯籠が立つ。

小山の上に本殿が建てられ、本殿の前に作られた塀の一部を切った場所に木の祠《ほこら》が組み込まれていた。それが浦上国津姫を祀る浦上神社だ。女神が大事に扱われていることがわかって、どこか安心した。

3　東北から来た新たな神

「かりや」から仮家家へ

浦神に新たな産土神として鹽竈神社（六社明神社）が建立《こんりゅう》されたのは江戸の元禄期である。同社が持つ古い棟札《むなふだ》（建立や修理の趣旨、年月日、関係者の名前などを書いた木札）は「元禄二年（一六八九年）に造宮移宮」と記す。宮城県塩釜市にある鹽竈神社から六社明神が勧請された。そのときの逸話が伝えられている。

神社の前を熊野古道の大辺路《おおへち》が通る。とある僧が六社明神を背負って「西のかりや」と呼ばれた家に泊まった。僧は「この神をここでお祀りしなさい」と主人に告げて姿を消した。「西」は対岸の「東」地区との区別だろうか。

その「かりや」がご先祖という人が、神戸市垂水区に住む神戸学院大学名誉教授の仮家《かりや》公夫《きみお》氏だ。

「我家の旧姓は浦上《うらじょう》で浦上国津姫をお祀りしていた関係者だったと思います。慶長地震

浦神の東地区にある「元の宮」

（一六〇五年）あるいはそれ以前の地震や津波で壊れた社殿のご神体を、神職だった浦上某家がお預かりしたことから、ご神体の『仮の家』になり、『お仮家』と呼ばれていたようです。それで仮家に改姓したと祖父の昇一《しょういち》から聞いています。仮家の場所は今の鹽竈神社の敷地のお隣りだったそうです」

「元の宮」の意味

「国津姫は元々（西地区と地続きになった男床島ではなく）、いま『元の宮』がある東地区に祀られていたのではないか」という仮家氏の言葉が気になって、二〇一七年六月二十日に浦神を再訪した。

「元の宮」は厳島神社（弁天神社）があ

る男床島の向い、東地区の高台に鎮座する。奥さんの実家が周囲の山を所有し、宮の面倒を見ているという小川英幸氏（昭和十九年生まれ）が案内してくれた。

そこは標高十七メートルで津波避難所になっている。赤い鳥居の奥に小さな社が建っていた。祭神は八坂釼大《やさかと》明神と伝えられているが、詳細は不明だ。「明治時代に合祀されて以来、鹽竈神社にあったご神体は、二十年ほど前に『元の宮』に戻りました。さらしに包まれており、石のようでした。私は、『元の宮』は合祀先の鹽竈神社に対する呼び名だと理解しています」と小川氏はいう。

そのあたりは浦神湾の奥で、海が荒れた時の船の避難場所になってきた。浦上国津姫（漁村を守る地元の女神）を崇《あが》めるのにふさわしい場所である。私は男床島、「元の宮」のどちらが女神の旧社地であってもいいような気がした。災害で社地が移る場合もあろう。

明治時代からの神社台帳である『東牟婁郡神社明細帳』（国文学研究資料館蔵）を見ると、鹽竈神社の祭神は天《あめの》（宇）受売命《うずめのみこと》、市杵嶋比売命、事代主命で今と同じ。そこに「六社明神」の名はない。

鹽竈神社は明治六年（一八七三年）村社になり、明治四十三年（一九一〇年）十一月二十二日に「男床にあった厳島神社や村内二か所の蛭子《えびす》神社を合祀した」と記す。現在の境内社・浦上神社は「浦神社。祭神浦神国津姫神」となっている。

六社明神がそこから勧請されたとされる宮城県塩釜市の鹽竈神社の祭神は現在、主祭神が塩土老翁神《しおつちのおじ》で、左右の宮に武甕槌神《たけみかづち》と経津主神《ふつぬし》を配している。シオツチノオジは兄から借りた釣針をなくしたホヲリ（山幸彦）に海神《わたつみ》の宮へどう行くか教えたほか、日向国《ひむかのくに》にいた神日本磐余彦《かむやまといわれびこ》（神武天皇）に「東に良い土地がある」と教えた神である。またタケミカヅチとフツヌシはヤマト王権の地方進出を率いた武神とされる。

もう一つの鹽竈神社

「六社明神」はどんな神だったのだろうか。手掛かりは和歌山県田辺市中辺路町《なかへち》に鎮座する同名の鹽竈神社にあった。

本宮大社と田辺を結ぶ国道311号の近露《ちかつゆ》地区で県道に入る。日置川《ひきがわ》と野中川の合流点あたりに立つ看板に書かれた由緒によれば、「幕末のころ、伝田家の先祖重左エ門が宮城県の鹽竈神社から『六社大明神』を勧請したのが始まり」という。そこからしばらく車を走らせたところに神社はあった。

丘の上へと続く階段をのぼると、こじんまりした社殿が鎮座している。きれいに掃除された境内に記帳所があり、その中に「鹽竈六社大明神」の名を書いた木札が掛かっていた。

中辺路町の鹽竈神社で見た「六社明神」を記す木札

鹽土《しおつちの》老翁《おじ》神
事勝国勝《ことかちくにかち》神
猿田彦《さるたひこ》神
岐《ふなと》神
太田命《おおたのみこと》
興玉《おきたま》命

事勝国勝は鹽（塩）土老翁と同神とされ、猿田彦・太田命・興玉命は伊勢神宮と関わりが深い。太田命は内宮（皇大神宮）に祀られている興玉神の別称とも、猿田彦の子孫ともいわれている。岐神は猿田彦と同神ともいわれ、民間信仰で岐神は集落のはずれに祀られ、疫病や悪霊が入ってくるのを防ぐ神である。

「本家」塩釜市の鹽竈神社の祭神については古来いくつもの説があり謎が多いが、過去には「六所明神」とか「三社の神」とか呼ばれたこともあったようだ。

元禄六年（一六九三年）に作成された「鹽竈神社縁起」の中に「鹽竈六所明神、或曰《あるにいわく》（一説によれば＝筆者注）猿田彦、事勝国勝、鹽土老翁、岐神、興玉命、太田命、六座」という記述がある（『塩竈市史Ⅲ　別篇Ⅰ』、一九五九年、の中の論文「塩竈学問史上の人々」によ

鹽竈神社（浦神）の「脊美祭り」。男児がセミクジラを模した縁起物を的から引き抜いて駆け出す

る）。その神々が熊野の二社に勧請されたのだろう。

鯨漁で栄えた町

浦神の鹽竈神社の主祭神がアメノウズメになったのは、夫婦になったとの伝承もあるサルタビコとのかかわりと、地元の「女神」へのこだわりからかもしれない。

アメノウズメは気が強かった。『古事記』の天孫降臨の場面で、この女神は天上と地上の辻に立っていた不審な神と対峙《たいじ》した。それはニニギ一行を迎えに来たというサルタビコだった。

サルタビコが大きな貝に手を挟

まれて溺れ死んだ後に、アメノウズメは魚たちを集めて「お前たちは天つ神の御子《みこ》にお仕えするか」と問い質《ただ》した。魚たちが「お仕えします」と答えた中で、ナマコだけが返事をしなかったことに怒ったアメノウズメは「この口は答えない口か」と小刀で口を裂いた。だからナマコの口は裂けている、という説話である。

アメノウズメは猿女君《さるめのきみ》の祖神とされる。志摩国から初物の魚類が朝廷に献上される時は、猿女君に分け与えられたという。猿女君は祭祀や演舞に携わる巫女《みこ》だったのだろう。

二〇一七年一月八日の日曜日、鹽竈神社で恒例の「脊美《せみ》祭り」が行われた。「せみ」はセミクジラで、この地がかつて鯨漁で栄えたことを伝える行事である。「もち米のわら」で作ったセミクジラを模した縁起物が大きな的に差し込んである。井谷正守宮司が弓で的を射ぬいたのを合図に三人の男児が「せみ」を引き抜き、一目散に駆け出した。

当日はあいにく雨だったが、神社周辺は海辺の町の祭りにふさわしい活気に包まれた。

4 門跡も通った大辺路

湯川から浦神まで

鹽竈神社の祭神は、江戸時代に「とある僧が背負って」東北から浦神に運ばれた、という。この僧が通った道は大辺路であろう。田辺から那智の浜ノ宮に至る、南紀の古い外周路である。

大辺路は、平安時代に上皇《じょうこう》や法皇《ほうおう》が本宮をめざした中辺路や、吉野と熊野を結ぶ大峯《おおみね》奥駈道《おくがけみち》と比べると「地味」だが、今回の私のストーリーに重要な役割を演じる。それは後のお楽しみとして、私も祭神を勧請した僧の気分になって大辺路の一部、那智勝浦町湯川から浦神まで歩いてみた。

案内してくれたのは上野一夫氏（昭和二十三年生まれ）。田辺市から那智勝浦町の間の大辺路の整備や保存をコツコツ続けてきた「大辺路刈り開き隊」の隊長さんである。

二〇一七年三月二十七日午前十時、ＪＲ紀勢線湯川駅を出発、二河《にこう》川沿いに少し歩き、

浦神峠（休平）への道

川を渡って山中に入った。めざす浦神までは約十キロメートル、一番高い浦神峠が標高百五メートルというから、普段歩いていない私でもなんとかなりそうだ。

二河集落から二河峠まで九百メートルほどの古道は、景観が残っている場所として二〇一六年十月に世界遺産に追加登録された。大辺路で追加登録された八か所のひとつだ。

白モクレンの大木、緑の山すそにぽっかり白く浮かぶ山桜。そんな春の景色を楽しみながらの散策である。

上野氏は杖の代わりに杉の長い棒を持って歩く。折れた枝や崩れてきた石を除くためだ。「苦労して付けた丸木橋が流されるなど台風の後は大変です。草刈りしないとどこが道だかわからなくなる。タイヤ・電化製品など不法投棄物の処理もあったし……」

天然林より植林地のほうが荒れやすいそうだ。古道に植林された場所もあったという。

「にわか修験者」の記録

大辺路は近世、紀州藩主や京都三宝院門跡《さんぼういんもんぜき》も通った道である。門跡は皇族や貴族が住職を務める寺院やその長を指す。三宝院は真言宗系修験道の当山派を統括した。「門跡は輿《こし》に乗っていたのでしょう。その通行のために道普請《みちぶしん》したり、大行列の食糧を提供したりするなど地元は大層な負担だったようです」と上野氏は語る。

江戸時代の僧侶で画家の横井金谷《きんこく》は、「にわか修験者」になって文化元年（一八〇四年）の三宝院門跡高演《こうえん》大僧正の峰入りに随行した。その記録が「金谷上人御一代記」という一風変わった自叙伝に載っている。

出発時「五千人」という集団は吉野から大峯、熊野三山を巡り、大辺路・紀伊路経由で京都に戻った。紀州藩はことのほか気を使い、大辺路の須佐美《すさみ》浦（すさみ町周参見《すさみ》）では地元を動員して数千本の松明《たいまつ》で列の前後を照らした。また長井坂や富田坂の頂上に茶屋をつくらせたりしたという。（「金谷上人御一代記」、『日本庶民生活史料集成　第十六巻　奇談・紀

聞』、三一書房、一九七〇年）

維盛伝承が残る

登り始めて三十分ほどで二河峠に到着。遠く熊野灘が見えたのは良かったが、山側は新自動車道のトンネル工事から出た土砂置き場になっているようで、やや興ざめだ。

峠から下ると、年金福祉事業団が巨費を投じて建設したものの二〇〇三年に閉鎖された「グリーンピア南紀」の敷地を通る。放置されたコテージなどが痛々しい。

水をたたえる与根《よね》河池は江戸中期に地元市屋《いちや》村の庄屋引地嘉左衛門の指導の下、村民が協力して造った灌漑用水池である。池の端に顕彰碑が立っている。道脇の覆い屋の中に置かれた地蔵尊には弘化二年（一八四五年）と彫ってあった。

与根河池と別れ、那智勝浦新宮道路の下をくぐって市屋峠に向かう。峠には文化十五年（一八一八年）の銘がある地蔵像が置かれていた。土台石に市屋村世話人として長四郎、林左衛門などの名が読めた。

峠から下った市屋集落にこぎれいなトイレがついた「お休み処《どころ》」があり、そこで弁当を食べた。

旧市屋村の地名由来が興味をひく。『紀伊続風土記』は「村名は市場なといふ名と同しかるへし」と「市場《いちば》」に由来するとしているが、「一夜」が転化したとの伝承があるのだ。それは那智の海で入水《じゅすい》したと見せかけ、どっこい生きていたとされる平維盛《たいらのこれもり》の言い伝えである。清盛の孫維盛は色川郷に向かう途中、この地に一夜宿したからという地名由来だ。

維盛伝承は市屋峠を下ったところの大泰寺《だいたいじ》にもある。寺の入り口の椎《しい》の巨木には「平維盛お手植えの椎」と書かれた説明板が立っていた。また寺宝の刀は維盛のものだとされている。事の真偽はともかく、大辺路に残る貴公子のロマンは大事にしたい。

熊野に多い無神殿神社

大泰寺の近く、太田川沿いの那智勝浦町下和田地区に鎮座する諏訪神社は以前訪れたことがある。長野県の諏訪大社の信仰が広がったのだろ

庄集落からの登り口に置かれた地蔵道標

うか、このあたりには健御名方《たけみなかた》神を祭神とする諏訪神社が多いが、下和田の諏訪神社はちょっと変わっている。本殿がなく、拝殿の奥に瑞垣《みずがき》をめぐらした場所があり、その中心の石柱に張り付けた槍《やり》を祀っているのだ。

『那智勝浦町史　下巻』（一九八〇年）は「磐座《いわくら》（又は岩境《いわさか》）崇拝の古い祭祀《さいし》形態をとどめる神社である」と述べている。大岩、巨木、滝など自然物を崇める無社殿神社が数多く残っていることも熊野の魅力のひとつだと私は思う。（拙著『祈りの原風景』、森話社、二〇一六年）

田畑が広がる庄《しょう》集落を通って再び山中に入る。その登り口に石の道標が二つあった。ひとつには「右ハやまみち　左ハ大へち」と彫ってある。しばらく行ったところの地蔵尊に同じ文言が彫られた道標が立っていた。

大辺路は古くから修行者、参詣者、そして近世は文人墨客《ぶんじんぼっかく》が通った道である。山伏や旅人は道標に導かれて、次なる地をめざしたのだろう。

地蔵尊道標から先、浦神峠（休平《やすみだいら》）までの登りは道幅もあり、石畳も残る風情のある道だ。峠は文字通り平地になっており、太地《たいじ》の半島と熊野灘が見えた。

峠からは一気の下り道。ウバメガシの枝をたくさん並べた炭焼き小屋を過ぎると、そこはもう浦神の町だ。臨済宗妙心寺派の海蔵寺の脇をＪＲ紀勢線が通る。踏切を渡って鹽竈神社に戻ってくると、取材に訪れてから間もないのに懐かしさを感じた。

第四章

最初の祭神

1　延喜式の「一座」は国津姫

再び海神社へ

熊野の楯ケ崎、浦神と回った私は、再び和歌山県紀の川市の海神社に戻った。その祭神の秘密を探るためである。

平安時代の延長五年（九二七年）に完成した延喜式の神名帳（全国の官社一覧）は、紀伊《きいの》国《くに》那賀郡《なかのこおり》の二社に三座（三神）の神が鎮座していると、次のように記す。（『神道大系　古典編十一　延喜式(上)』、神道大系編纂会、一九九一年）

　那賀郡三座 並小
　　荒田神社二座　　海神社

荒田《あらた》神社は現在、岩出市森にある同名の神社と見られている。だが祭神が多く、延喜式のいう二座の神名はよくわからない。「紀伊国神名帳」には「従四位上荒田神《あらたのかみ》　従四位上前神《さきのかみ》」と載っているから、それが荒田神社の二座だろう。（『紀伊国神名帳』は『神道大系　神社編一　総記(上)』、神道大系編纂会、一九八六年による）

海神社の例祭日に神楽舞を奉納した女性たち

注目すべきは、今は豊玉彦命と国津姫命の二神となっている海神社の祭神が延喜式神名帳で一座（一神）とされていることだ。

私は当初、それを豊玉彦（豊海神《とようながみ》）と思っていた。「紀伊国神名帳」によれば豊海神は正二位、浦上国津姫大神は従五位上で前者が格上だ。また『紀伊続風土記』は「延喜式の海神社（の祭神）は紀伊国神名帳の豊海神だろう」と語っているのである。つい男神を優先させる思考が私にあったかもしれない。

しかしこれはどうも違うようだ。史料をあたるうちに、延喜式神名帳の「一座」は浦上国津姫ではないか、つまり最初、海神社に祀られたのはこの女神で、豊玉彦（豊海神）は後から祭神に加えられた、と思うようになったのである。

浦上国津姫の昇格記録

浦上国津姫の名前が登場する歴史書に『日本三代実録』がある。平安時代の清和天皇（第五十六代）、陽成天皇（五十七代）、光孝天皇（五十八代）三代にわたる天安二年（八五八年）から仁和三年（八八七年）まで三十年間の出来事が記されている。

その仁和元年（八八五年）十二月二十九日条に次のようなくだりがある。（『國史大系第四巻　日本三代実録』、吉川弘文館、一九六六年）

○授《さずく》二紀伊国正六位上浦上国津姫神従五位下一

つまり、紀伊国の浦上国津姫神が正六位上から従五位下に昇格したわけだ。紀伊国内で古代に浦上国津姫を祀る有力神社は那賀郡の海神社しかなさそうだから、これは同社の祭神の記述と考えて差しつかえあるまい。

八八五年は延喜式の完成年九二七年よりだいぶ早い。延喜式神名帳の「一座」は浦上国津姫とみるのが適当だろう。

『神道大系　古典編十一　延喜式(上)』は海神社に「海《アマ》神社」と読みが振られている。同書の傍訓《ぼうくん》は数ある延喜式の写本のうち、中世以前の古写本に限って採録したという。

獅子に頭をかまれると、ご利益があるという（海神社の例祭）

私は、浦上国津姫は宗像系の海人族が奉斎した三女神と関係が深いと推測している。北九州に本拠を置き外航路のほか瀬戸内海や大阪湾も活動範囲にしていた海人の社だから「あま」神社と呼ばれたのではないか。

『日本三代実録』は貞観《じょうがん》元年（八五九年）正月に全国主要社の神々の昇格があったことを記している。このときに筑前国の田心《たごり》姫《ひめ》神、端津姫《たぎつひめ》神、市杵嶋姫《いちきしまひめ》神が正三位から従二位に位階を上げた。これは今の宗像大社の三神であろう。貞観元年は浦上国津姫が従五位下に昇格した仁和元年より四半世

太鼓の奉納もあった（海神社の例祭）

紀早い。だから「浦上国津姫を宗像三神と結びつけるのは無理ではないか」との意見もあろう。

だが従二位への昇格は宗像大社（延喜式神名帳では宗像神社）という有力神社の祭神の位階であって、各地に散った宗像系海人が崇めた女神が一斉にその高位を得たわけではあるまい。

北九州から遠い和泉や浦神の地では、「自分たちの神の位」への意識がないままに「浦（漁村）を守る女神」へと呼び名が変わったのではなかろうか。また「浦上国津姫」という身近な呼び名の普及は、貞観元年以前に進んだ可能性もありはしまいか。

二柱の神の関係

話を海神社に戻そう。同社の当初の祭神は浦上国津姫だけだったとすると、いつ二座（二神）になったのか。

少ない史料の中で二神が並ぶ古い文書は、これまで何度か引用した「海神《うながみ》系図」である。秀吉の紀州攻めの翌年、天正十四年（一五八六年）に海神社の神主の山田秀延が作成した。その書き出しを現代文にしてみると

一　海神大明神は彦火々出見尊《ひこほほでみのみこと》（ホヲリノミコト＝山幸彦）で豊玉彦尊と称する

一　別社は浦上大明神国津姫命と称する

「海神系図」は両神が熊野の楯ケ崎に出現したと述べているが、ここでは二祭神になっただけでなく、男神「主」女神「従」という位置づけになっていることに注目したい。

「紀伊国神名帳」にも二神の記載がある。国内神名帳は古代の国ごとにつくられ、神名、神階（神位）などを記した「カミの一覧表」だ。私の手元には「南海道紀伊国神名帳」（『続群書類従《ぞくぐんしょるいじゅう》・第三輯《しゅう》上』、続群書類従完成会、一九二四年）と国学院大学蔵の前掲の「紀伊

国神名帳」がある。後者には社の所在地が入っているところもあるが、ともに問題の二神が天神（天つ神）と地祇《ちぎ》（国つ神）に分かれて載っており、神階も同じだ。

天神
従五位上　浦上国津姫大神
地祇
正二位　豊海神

なぜ国津姫が天つ神で豊海神が国つ神に分類されているのか、については先に私なりの推測を述べたが、はっきりとしたことはわからない。ここでは延喜式神名帳で「一座」とされた海神社の祭神が「海神系図」と「紀伊国神名帳」になると二神になったことを再確認しておきたい。

「海神系図」は作成年がわかっているが、ちょっと困るのは「紀伊国神名帳」がいつできたのか確定できないことである。『和歌山県の地名』（平凡社、一九八三年）の「文献解題」には「成立について本居内遠《もとおりうちとう》は、神職の作成ではなく国守の庁で記し定めたもので、時期も明確でないとしている。一説に平安時代末―鎌倉時代初期成立ともいうが、記載神の位階から疑問視され、かなり後世の成立ともいわれる」とある。

本居内遠は紀州藩に仕え『紀伊続風土記』の編纂にも携わった。彼は「紀伊国神名帳附考」（国学院大学蔵）の中で「本国神名帳、一巻、今世ニ伝フル所、奥書《おくがき》、年月無ク、何《いずれ》ノ世ニ記セル事ヲ知ラス」と書いている。ただ浦上国津姫の神階は『日本三代実録』が従五位下、「紀伊国神名帳」は従五位上だから、前者のほうが古いことは間違いない。

一座（一神）だった海神社の祭神は九二七年（延喜式神名帳）と一五八六年（海神系図）の間に二神になったといえる。

2 山中に海を連想する地名

ふたつの遷座ルート

先に「海神社の当初の祭神は浦上国津姫だった」と書いた。

この女神が『日本三代実録』が記述する仁和元年（八八五年）に海神社に祀られていたとすれば、遷座はそれ以前であろう。ではどこから、だれの手で、何のために勧請されたのだろうか。

古文書はいくつかの遷座ルートを語っている。ひとつは女神が熊野の浦神からやってきたという江戸後期に作られた『紀伊続風土記』の説だ。十六世紀後半と、それより古い「海神系図」は「豊玉彦尊とともに楯ケ崎に出現した」と記す。

異説を唱えるのは『紀伊国名所図会』である。これは江戸後期に和歌山の書店主・帯屋伊兵衛（高市志友）が企画、一部執筆した。文化八年（一八一一年）に第一編、翌年に第二編、天保九年（一八三八年）に第三編、そして嘉永四年（一八五一年）に後編が刊行された。

2017年も海神社のイチイガシでフクロウが生まれ育った。母が子に寄り添う（5月7日、黒岩博明氏撮影）

挿絵も入っており、名所や神社仏閣の様子を知る貴重な地誌である。

海神社の関係部分を再録する。（『紀伊名所図会　㈡』、歴史図書社、一九七〇年）

海神社《うながみのやしろ》　神領村にあり。池田荘十六箇村の産神《うぶすな》なり。祀神《まつるかみ》二座、豊玉彦命・国津姫命。社伝にいはく、豊海神と申し奉るは、豊玉彦命の又の御名《みな》にして、最上世《いとかみつよ》には、熊野楯が崎に坐《ましま》しけるを、いづれの御代《みよ》にか此《この》社地に遷座し給ふ。浦上国津姫神は、和泉国の海中より現れ給ひ、大木峠を越えて神通畑《じんづうばた》に暫《しばらく》坐して、遂に此地

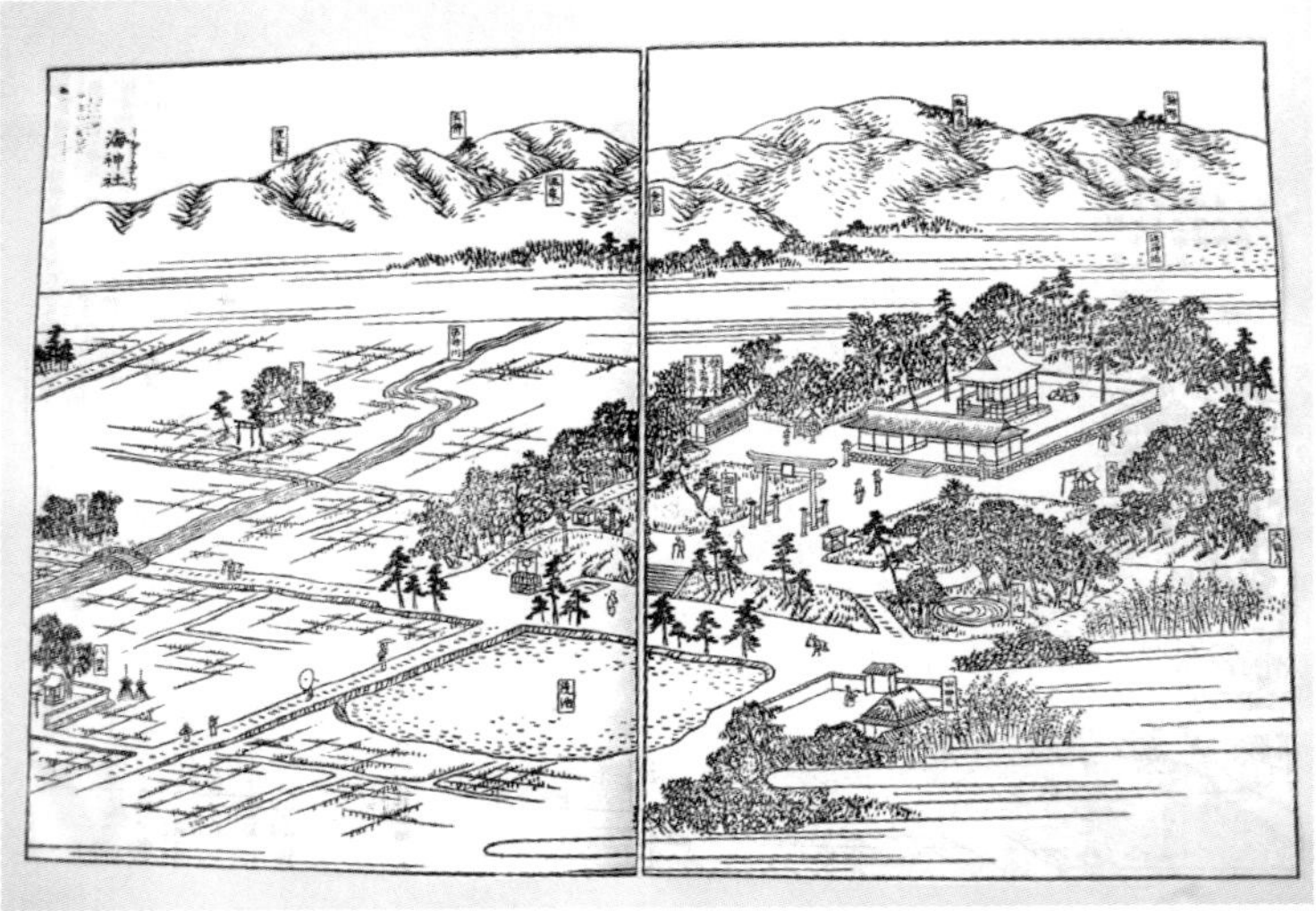

『紀伊国名所図会』が描く海神社（『紀伊名所図会（二）』、歴史図書社から引用）

に鎮座し給ふ。

和泉国は今の大阪府南西部で、泉州とも呼ばれた。大木峠は大阪府泉佐野市と和歌山県紀の川市を分ける和泉山系の峠で、今は県府道62号（粉河《こかわ》街道）が通っている。紀の川市に入った山中の神通地区に国津姫を祭神とする浦上神社がある。

『紀伊国名所図会』は海神社の絵を載せている。境内の手前に鏡池が描かれている。「海神系図」で神主山田秀延の先祖の夢に海神が現れ、目覚めるとそこに神鏡が輝いていた、という場所だ。その脇の家には「山田氏」とある。今に続く宮司の山田家であろう。

和泉からの道

先に述べたように、私は『紀伊国名所図会』が語る和泉→大木峠→神通→神領（現在地）というコースが当初の浦上国津姫がたどった道だと思う。粉河街道は大阪湾と紀の川沿岸を結ぶ古代からの交通路であり、そこから高野山や奈良に向かう主要路だった。この女神を奉斎していた海人《あま》族がこのルートで内陸に分け入り、まず神通の地に祀ったというのは、無理のない見方だろう。

『紀伊続風土記』と『紀伊国名所図会』はともに江戸後期の互いに近い時期に出されている。なぜ浦上国津姫の勧請ルートが違うのか理由はわからないが、当時複数の遷座伝承があったのではなかろうか。もしそうだとすれば、後者の伝承のほうが古いような気がする。

神通の地名は「神様がお通りになったところ」から付けられたそうだ。そこにある浦上神社が海神社とつながり深いことは、神社名からも、海神社宮司の兼務社であることからも、うかがうことができよう。

浦上国津姫はそこにしばらくとどまった後に、紀の川がつくった河岸段丘の上、和歌山と奈良を結ぶ南海道に近い要地に遷《うつ》り、海神社の祭神となった。『日本三代実録』は浦上国津姫がどの神社の祭神か書いていない。山中の浦上神社だった可能性もゼロではないが、ここは海神社としておこう。

海を意味する「ハタ」

『紀伊国名所図会』から神通が昔、神通畑と呼ばれたことがわかる。付近に今畑、中畑の地名があり、三か所合わせて「三ケ畑」というそうだ。それを聞いて、古代朝鮮語で海を「パタ」といったと本で読んだことを思い出した。「三ケ畑」の「はた」は「パタ＝海」だったのではないか。

日本古代史専攻の黛弘道氏は、大和大国魂《やまとおおくにたま》神社（兵庫県南あわじ市榎列上幡多《えなみかみはだ》＝旧幡多《はた》郷に所属）の「幡多」地名に関連して「古代朝鮮語で海を意味する『パタ』にも通じ、海人族の居住地と考えることができる」という。そのうえで、波多、幡太、八太、半田、番田などの地名も「はた」と読めることから、「ハタの地名に海人族との深い関係を想定してよいかもしれない」と述べている。同氏はまた、畑、和田も海人族ゆかりの地名と推測する。

（「海人族のウヂを探り東漸《とうぜん》を追う」『日本の古代8　海人《かいじん》の伝統』、大林太良編、中央公論社、一九八七年）

黛氏によれば瀬戸内海や吉野・熊野地方、奈良盆地には「和田」が付く地名が多い。それと神武伝承に出てくる氏族や東征のコースとの関連を示唆するこの論文は、ヤマト王権の創始と海人族との関わりを連想させ、興味深い。

市杵島姫と泉州の神社

また脱線してしまったが、浦上国津姫が海に生きてきた人びとの足跡と深く結びついていることは間違いない。宗像三女神、とりわけ市杵島姫を崇めた人たちが本拠地の北九州から瀬戸内海や熊野灘沿岸に広がり、彼らの信仰が大は安芸《あき》の宮島に鎮座する厳島《いつくしま》（嚴島）神社、小は浦神の浦神社や厳島神社（弁天神社）につながった。私はそう思う。

ならば、旧和泉国（泉州）に市杵島姫を祀っている神社があるはずだ。そう考えて泉佐野市、泉南市、阪南市をあたったら、次の神社がみつかった。

加支多《かした》神社（泉佐野市鶴原）
奈加美《なかみ》神社（同市中庄《なかしょう》）

船岡《ふなおか》神社（同市南中岡本）
信達《しんだち》神社（泉南市信達金熊寺《きんゆうじ》）
一岡《いちおか》神社（同市信達大苗代《おのしろ》）
茅渟《ちぬ》神社（同市樽井）
波太《はた》神社（阪南市石田）

もちろん、この地域で市杵島姫と関係のある社の全てではあるまい。だが、和泉の海から神通の山中へという「国津姫の道」と海人たちの神との関わりを探りたくて、熊野から出かけた。

3　泉州で祀る美しき女神

市杵島姫は仏教の弁財天と習合した。弁財天は元々ヒンズー教の河の神である。仏教に取り入れられ、琵琶を弾く妖艶《ようえん》な姿で表される。互いに人気の女神だから、大阪府の南西部各地で祀られているのに不思議はないが、宗像三女神と関係深いと私がにらむ浦上国津姫が海神社に遷座した傍証のひとつになりうるのではないか。そんな気持ちで二〇一七年二月二十一日と翌日、現地を訪ねた。

加支多神社

最初は泉佐野市鶴原に鎮座する加支多神社。貝塚市との境に近い国道26号沿いにある。誉田別命《ほんだわけのみこと》（応神天皇）、市杵島姫命、天児屋根命《あめのこやねのみこと》（中臣《なかとみ》氏の祖先神）が祭神だ。

井上正雄著『大阪府全志』巻之五（一九二二年初版、一九七六年復刻、清文堂出版）の和泉国泉南郡北中通村大字鶴原の項は次のように記す。

加支多神社は東南字《あざ》後藤堂にあり、もと市杵島神社と称し、市杵島姫を祀れり。勝間家の伝ふる所に依《よ》れば、往時楠氏の臣勝間某なるもの、敗軍の際祭神を負《お》ふて此の地に来り、豪家新川氏の宅を訪《おとずろ》ふて奉祀《ほうし》せんことを乞《こ》ひければ、新川氏其《そ》の手続を為し、国司に出願して奉祀せしものなりと。勝間氏の子孫は今も本地に居住せり。明治五年（一八七二年）村社に列し、同四十二年（一九〇九年）七月十二日字貝田の村社加支多神社（品陀別命《ほんだわけのみこと》）を合祀して今の社名に改める。

「武将が祭神を背負ってきた」との伝承は、「僧が鹽竈《しおがま》六社明神を背負ってきた」という浦神の鹽竈神社の話とどこか似ている。

社務所のインターホンを押してお会いした松村博宮司は「一般に『かした』と呼びますが、祝詞《のりと》をあげるときは（本来の社名の）『かきた』といいます」と語った。

奈加美神社

加支多神社から国道26号を西に行った泉佐野市中庄地区に奈加美神社がある。市杵島姫は、誉田別命のほか数多い祭神の中に入っている。訪れたのは夕刻。北岡忠澄宮司の奥さんが、前の宮司が作った合祀の資料を見せてくれた。

加支多神社（泉佐野市鶴原）

奈加美神社（泉佐野市中庄）

奈加美神社はもと大宮神社と呼ばれていた。明治末年の神社合祀によって中庄・上瓦《かみかわら》屋《や》・湊《みなと》の中小社が集められ、最終的に各地区の頭文字をとって「なかみ」と改称した。中庄にあった市杵島神社については「市杵島姫命は宗像三女神の一人で、中でも美人の誉れが高く、インドの水神、弁財天（七福神の一人）との習合がみられる神様でありますむしろ『弁天さん』と呼んだ方が馴染《なじ》み良いかも知れません」と書いてある。

船岡神社

関西国際空港に至る鉄道・自動車道の下をくぐって西に向い、国道26号から右手に入った泉佐野市南中岡本に船岡神社があった。小さな丘（船岡山）を背に社殿が建つ。境内の説明板によれば「古代の丘は海に面していた。神功《じんぐう》皇后が三韓平定の帰途、そこに船を着けて上陸されたことから船岡山と呼ばれるようになった」と書いてあった。祭神は建速須《たけはやす》佐男命《さのをのみこと》ら三神で、市杵島姫は境内社の市杵島神社に祀られている。

泉南市に入ると、市杵島姫は一岡神社（同市信達大苗代）、茅渟神社（同市樽井）、信達神社（同市信達金熊寺）で、それぞれ独立の社殿にていねいに祀られていた。

一岡神社の境内にある市杵島神社（泉南市信達大苗代）

一岡神社

一岡神社は、七世紀後半の創建とされる広大な海会寺《かいえじ》跡の一角に建つ。市杵島神社は境内の左奥にあった。瑞垣《みずがき》の中に石の祠《ほこら》が置かれ、しめ縄が掛けられている。社務所に木村義磨宮司の連絡先が書かれていたので電話をした。「以前の社名は『一丘神社』で海会寺の鎮守社でしたが、神社の歴史のほうが古いのではないか。市杵島神社は弁天社として合祀されました」という。

信達神社

泉南市の山間部にある信達神社は梅林で有名な金熊寺に隣接している。ちょう

市杵島姫は茅渟神社の本殿脇に祀られている（泉南市樽井）

どシーズンとあって、地元の人たちが車の整理に追われていた。神武天皇が祭神になっているのは「昔、里人が樽井の海から神武像を引き揚げ、ここに祀った」という伝承によるそうだ。

市杵島姫は、彩色された本殿右手の斜面に本殿の方向を向いて鎮座しており、「市杵嶋神社（べんてんさん）」と書かれた木札が掛かっていた。二基の石灯籠には「寛永三年（一六二六年）樽井村」とあり、長助・惣四郎・惣九郎など寄進者の名が刻まれている。

茅渟神社

樽井の海岸に近い茅渟神社では、祭神の中に宗像三女神（多紀理比売《たきりひめ》、多岐都《たきつ》比売、市杵嶋比売）の名がある。神社の由緒には「三女神は海をつかさどり、海の神・航海安全の神・交通安全の神として崇敬《すうけい》され、殊《こと》に市杵嶋比売命は皇孫邇々藝命《ににぎのみこと》を立派に成育され給ひし神により、子供の守護神として崇敬されています」とある。

『日本書紀』神代の一書《あるふみ》によれば、アマテラスはスサノヲとの誓約《うけい》で生まれた三女神に対して「海路の途中に降り居て、天孫をお助けしなさい」と命じた。「皇孫を立派に成育され」は、その一節を踏まえたものだろうか。市杵島姫は本殿脇に大事に祀られており三女神の中で特別扱いである。

この神社の特徴は釣り人の参詣が多いことだ。チヌ（黒鯛）に通じる社名であり、実際沖合ではチヌがよく釣れるそうだ。中尾精宏《もりひろ》宮司は「釣りの安全祈願と魚の供養のため、北海道から沖縄まで、愛好家がやってきます」と語った。

波太神社

旧和泉国に市杵島姫の足跡をたどる旅で私が最後に訪れたのは、阪南市石田に鎮座する波太神社だった。延喜式神名帳に載る古社で、立派な社殿と広い社叢《しゃそう》をもつ。拝殿奥の本殿と、向って左奥の末

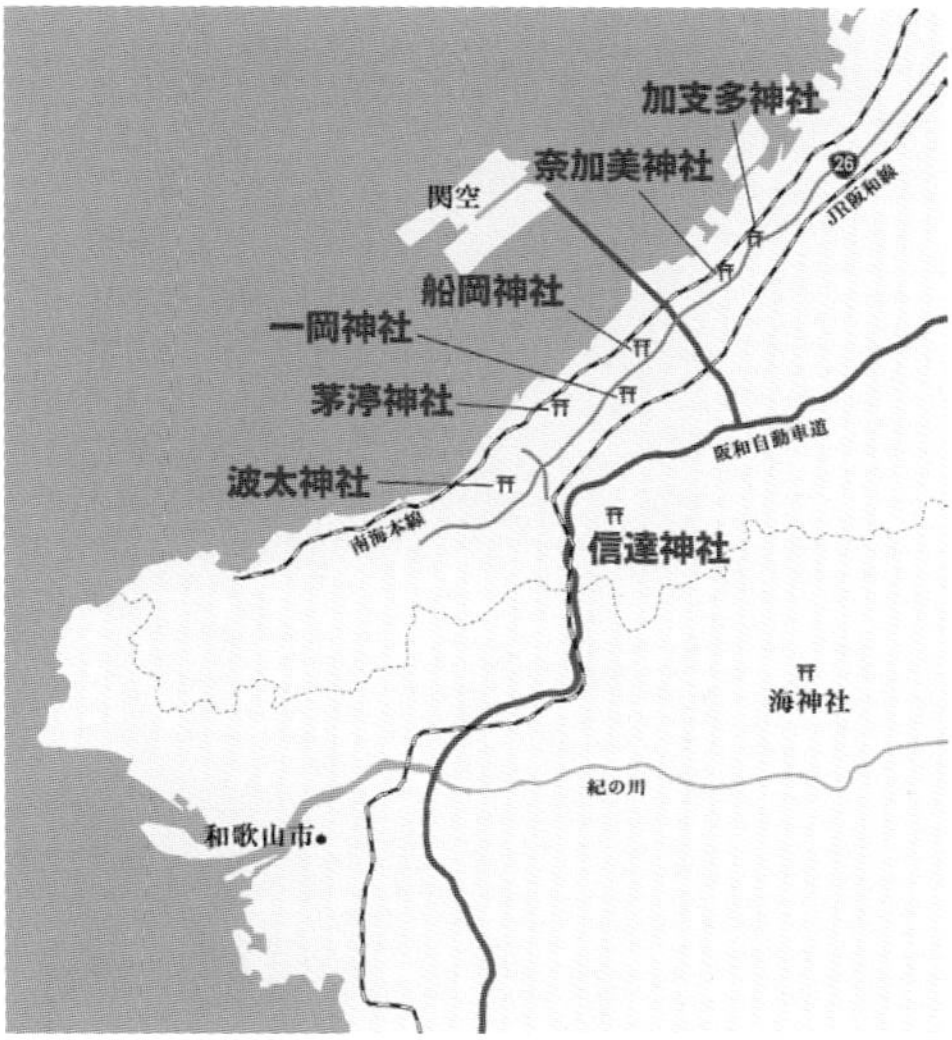

厳島神社は池の中にある（阪南市石田の波太神社）

社三神社本殿は「三間社《さんげんしゃ》流造《ながれづくり》」と呼ばれる建築で、国の重要文化財に指定された。

市杵島姫は参道右わきの厳島神社に国《くに》常立命《とこたちのみこと》（『日本書紀』が最初に現れたとする神）と一緒に祀られている。「三女神の一神。特に美人で弁財天と同一とされる」と、ここでもその美貌が強調されている。池の中の小島に社殿がある。弁財天でよく見る形式だ。

瑞垣の上にカワセミがとまっていた。一瞬、背の青い鳥が、北九州から瀬戸内を泉州の海へと遷ってきた市杵島姫の化身のように見えた。

4　内陸の地で船霊を崇める

船材求め山中へ

女神を敬う宗像系の海人族は瀬戸内海や大阪湾の沿岸に定着した後、その一部が内陸をめざした。和泉山系の大木峠を越えて、浦上神社がある神通に至ったのも、そんな人たちだったと、私は思う。

彼らはなぜ、内陸や山地に分け入ったのか。「船材や建築材を得るため」「鉱物を求めた」「水源を探した」など、さまざまな理由が考えられよう。

紀の国は「木の国」であり、古代から樹木に関連が深い。『日本書紀』によれば、素戔《すさ》鳴尊《のをのみこと》の息子五十《い》猛神《たけるのかみ》はたくさんの樹の種を持って天降《あまくだ》り、国中を青山にした。「紀伊《きの》国《くに》にいらっしゃる大神」と呼ばれた五十猛は和歌山市の伊太祁曽《いたきそ》神社の主祭神である。

平安初期の作品といわれる仏教説話集『日本霊異記《りょういき》』には、奈良時代に紀伊国牟婁郡熊野村にいた永興禅師《えいごうぜんじ》を訪ねてきた僧が山中で捨身し、その髑髏《どくろ》の舌が何年もあとまで法

五十猛命を祀る伊太祁曽神社（和歌山市）

華経を唱えていた、という話が出てくる。そこに「熊野の村の人、熊野の河上の山に至り、樹を伐《き》リて船を作る」というくだりがある。山中の大木をくり抜いて丸木舟をつくったのである。海に生きる人びとが船材を求めて内陸に入り、大樹や森を崇めたことは想像に難くない。

紀伊国は太古の火山活動がもたらした鉱産資源にも恵まれた。金、銀、銅、鉄、水銀などを求めて山中に分け入り、山師や踏鞴《たたら》師になった海人もいたことだろう。

冒険心に富む人たち

しかしすべての海人族が「目的」をもって移動したのかどうか。特定の目的がなくても、好奇心や冒険心で未知の内陸

熊野古道・中辺路の発心門王子

に入っていった人たちも少なくなかったのではなかろうか。

海の民はもともと、南方の島々や東南アジア、中国南部から黒潮に乗ってこの列島にたどり着いた冒険心に富んだ人たちである。

柳田國男は宝貝を求めて島伝いに到来した祖先がこの国に稲をもたらしたと書いた（『海上の道』）が、身の危険を顧みず水平線のかなたに漕ぎ出したのは「実利」によるものだけではあるまい。明治以降、南紀から多くがオーストラリアの木曜島やカリフォルニア州ロサンゼルス市のターミナル島に渡ったのも、海に生きる民のロマンなくして語れないと思う。

海浜から山中へという彼らの移動が

「実利」ばかりだとすれば、海人の阿曇《あづみ》（安曇）族が信濃の山中まで進んで「安曇野《あづみの》」を拓くことはなかったろう。長野県安曇野市穂高の穂高神社の御船《おふね》祭には船型の山車《だし》が登場する。

大阪湾に面した沿岸部に居を構えた宗像系海人は、漁とともに田畑も耕した。稲作が普及するとだんだん内陸部を開墾し、米作りに欠かせない水を守るため、水源への関心も高まった。未知の山中への興味もあったろう。

とはいえ、海の民の最大の願いは航行や漁の安全である。それは昔も今も変わりはない。その願いが、船材となる大樹への畏怖《いふ》と重なって、船霊《ふなだま》（船玉）信仰を育てた。

船霊は海の守護神で、航海の無事を見守ってくれるカミである。女神とされる例が多いようだが、猿田彦《さるたひこ》のような男神が奉られる場合もある。

船玉としての国津姫

海神社の山田秀重宮司の奥さんで同社権禰宜《ごんねぎ》の幸代さんは「ご祭神の国津姫命は船玉ではないかと思います」と私に語った。実際、同社は江戸時代「船玉海神宮」と自称していた。

海神社に伝わる「日本一社船玉海神宮略記」（弘化三年・一八四六年）は「国内で海神宮

発心門王子の近くにある船玉神社

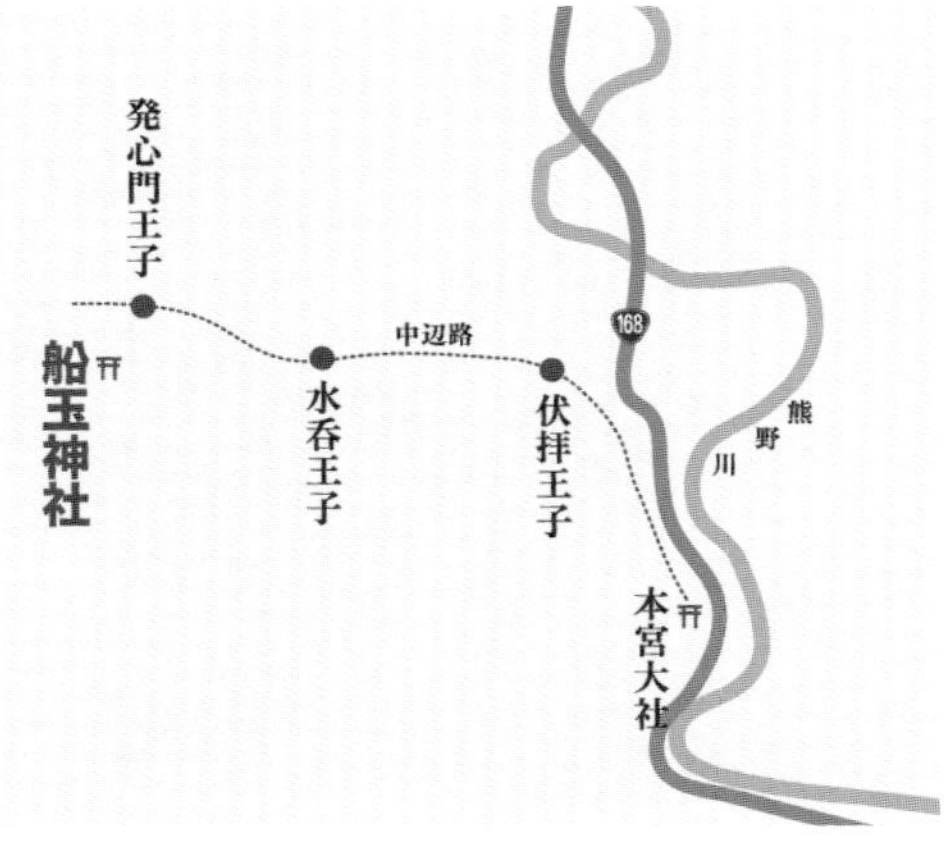

と崇められているのは当社だけ」「豊玉彦命は波風を静めて航海の安全を守り、漁民に豊漁をもたらす」と宣伝にこれ努めている。「略記」には浦上国津姫の名は出てこないが、これは時代

が下って、豊玉彦が当初の祭神・国津姫を押しのけたためと思われる。

熊野で内陸の船霊信仰というと、本宮大社の近辺にある船玉神社を思い出す。以前に行ったことがあるが、二〇一七年一月三日に再訪した。

田辺から本宮に向かう熊野古道中辺路《なかへち》のゴール近く、発心門王子《ほっしんもんおうじ》から林道を一キロメートルほど下がった音無川《おとなしがわ》の上流に鎮座する。熊野川、音無川、岩田川の中洲（大斎原《おおゆのはら》）にあった本宮の社殿を押し流した明治二十二年（一八八九年）の洪水でここも被害を受けた。川沿いに立つ鳥居をくぐり石段を上ると、こじんまりした社殿が建つ。その両脇に、上り龍らしき動物を彫った石柱が置かれていた。

社内の壁に由緒を書いた板が掛けられ、おおよそこんなことが書かれている。

昔、大神が天降り、玉滝で水行をしていると大雨になり、一匹の蜘蛛《くも》が溺れそうになった。大神は哀《あわ》れんで榊《さかき》の葉を投げてやった。蜘蛛はその葉に乗り、手を櫓《ろ》に足を櫂《かい》にして向こう岸にはい上がった。それをご覧になった大神は大木をくり抜いた船を考案された。これが丸木船の元祖である。

この伝承は、船材を求めて熊野川をさかのぼった海人族が言い伝えたものだろう。紀の川市の海神社も、大阪湾岸から大木峠を越えてやってきた海人族が、樹木への感謝と航海や漁の安全を祈って船霊を祀ったのがその始まりではなかろうか。

だが、そうだとしても疑問は残る。宗像系の海人が山間の神通（浦上神社）まで勧請した理由は想像できるにしても、そこから先、現社地の神領（海神社）まで国津姫を運んだのは同じ海の民だったのかどうか。ちょっと解せない気もする。

では、だれが、何のために神通から神領への遷座を担ったのか。私はその背後に和泉・葛城山系を抖擻《とそう》（一心に歩く）した人たちの影を見る。葛城修験である。

第五章
葛城修験

1 二十八宿を巡り験力を得る——謎めいた役小角の生涯

葛城《かつらぎ》修験は大阪府と和歌山県を分ける和泉《いずみ》山系から、大阪府・奈良県の境にそびえる金剛山《こんごうさん》、葛城山を経て大和川上流の亀ノ瀬までの峰々を巡る修行である。和歌山市加太《かだ》の沖合に浮かぶ友ケ島から亀ノ瀬までの間に、修験道の開祖役小角《えんのおづぬ》（役《えんの》行者《ぎょうじゃ》）がそこに法華経を奉納したという二十八宿（経塚《きょうづか》）がある。修験者はそれらの経塚や行場、周辺の霊場を廻り、厳しい修行を通じて験力《げんりき》（霊験をあらわす能力）を得るべく努力する。

山系には葛城山が二峯ある。和泉葛城山（八五八メートル）と大和《やまと》葛城山（九五九メートル）だ。昔は後者の葛城山とその南の金剛山（一一二五メートル）を合わせて葛城山と呼んでいた。飛鳥時代から奈良時代の呪《じゅ》術者《じゅつしゃ》役小角が活躍したとされる舞台である。

役小角は謎めいた人物である。そ

奈良県の多武峰（とうのみね）から眺めた金剛山（左）と葛城山（中央）

の実像を知る史料は『日本書紀』を引き継ぐ『続日本紀《しょくにほんぎ》』や最古の仏教説話集『日本霊異記《にほんりょういき》』（『日本国現報善悪霊異記』）などわずかだ。

『続日本紀』文武天皇三年（六九九年）五月二十四日条から見てみよう。

役の行者小角を伊豆嶋《いずのしま》に配流《はいる》した。はじめ小角は葛木山に住み、呪術をよく使うので有名であった。外従五位下の韓国連《からくにのむらじ》広足《ひろたり》の師匠であった。のちに小角の能力が悪いことに使われ、人々を惑わすものであると讒言《ざんげん》されたので、遠流《おんる》の罪に処せられた。世間のうわさでは「小角は鬼神を思うままに使役して、水を汲んだり薪《たきぎ》を採らせたりし、若《も》し命じたことに従わないと、呪術で縛って動けないようにした」といわれる。（宇治谷孟《つとむ》『続日本紀（上）』、全現代語訳、講談社学術文庫、一九九二年）

一方、薬師寺の僧、景戒《きょうかい》が書いた『日本霊異記』は上巻の第二十八話で「役の優婆塞《うばそく》（世俗のままで仏門修行をする人）」の次のような逸話を記す。中田祝夫《のりお》『日本霊異記（上）』全訳注（講談社学術文庫、一九七八年）から、かいつまんで紹介する。

役の優婆塞は賀茂《かも》の役公《えのきみ》で、大和国葛木上郡茅原《やまとのくにかづらきのかみのこおりちはら》（奈良県御所《ごせ》市茅原）の人である。葛《かずら》で作ったそまつな着物を身にまとい、松の葉を食べ、泉で身を清めるなど修行をした。鬼神をせきたてて「大和国の金峯山《きんぷせん》と葛木山の間に橋を架け渡せ」と命じた。神々はみんな嘆いていた。葛木山の一言主《ひとことぬし》の大神が人にのり移って「役の優婆塞は陰謀を企て、天皇を滅ぼそうとしている」と悪口を告げた。しかし簡単には捕まらなかったので、その母を捕らえた。彼は自分から出てきて、伊豆の島に流された。昼は島の内にいて、夜は富士山に飛んで修行した。三年が過ぎ、大宝元年（七〇一年）正月に特赦《とくしゃ》で帰京を許されたが、仙人になって空に飛び去った。

葛城修験の道は加太の沖に浮かぶ友ケ島から始まる。船の左手の虎島に行場のひとつ序品窟（じょひんくつ）がある

賀茂（鴨）氏は大和国や山城国《やましろ》に勢力を張った古代の有力氏族である。勅撰《ちょくせん》の歴史書に登場するから実在の人物だろうが、役小角の生涯は伝説に彩《いろど》られ、実態がつかみにくい。彼が開基という寺院や葛城二十八宿を含め、その足跡伝承が近畿地方広域に渡っているのは、後世の修験者・行者が「理想の人物」として崇《あが》めた結果だろう。

葛城修験の修行ルートである友ケ島から亀ノ瀬まで、小角が実際に歩き、法華経を埋めて回ったかどうかは、わからない。だがその本拠地だった大和の葛城山と峰続きの和泉山系に踏み入った可能性はあろう。小角本人でなくとも、後継者がその教えや実践を脚色も加えて一帯に広めたのではなかろうか。それらが葛城修験道として成立したのは院政時代（十一世紀後半から十二世紀後半）という見方がある。

浦上国津姫《うらがみくにつひめ》は和泉山中の神通《じんづう》の地（浦上神社）にしばらくとどまったのち、里に下りてきて神領《じんりょう》（海《かい》神社）に鎮座した。和泉の海浜から神通までは海の民が運んだとして、後半の遷座を担ったのは和泉・葛城山系を行場とする修験者（山伏）ではないか、と私は思う。そう推測するのは、神通が葛城修験者の抖擻《とそう》ルート上にあるためだ。

室町時代初期とされる修験者の記録『葛城峯中記《ぶちゅうき》』によれば、その作者、京都千勝院の鎮永《ちんえい》は今畑、中畑、神通畑（神通の古名）を通って犬鳴山七宝瀧寺《いぬなきさんしっぽうりゅうじ》の行場を回り、また神通に戻ってから満蔵地蔵―粉河寺《こかわでら》―中津川行者堂・奥ノ院（熊野神社）―第七経塚（アラレの宿）というコースをたどった。（中野榮治著『葛城の峰と修験の道』、ナカニシヤ出版、二〇〇二年）

これは中世の順路だが、神通の位置からいって、そこはもっと古い時代から山伏たちの通り道だった、と考えてよさそうだ。

中津川や熊野神社については、そこが葛城修験と熊野三山を拠点とした熊野修験との接点で、楯ケ崎《たてがさき》から豊玉彦《とよたまびこ》が勧請された事情とも関係すると思われるため、後で述べたい。

神通には経塚（宿）はないし、直接の行場でもない。しかし修行路にあるため、修験者の信奉者がいろいろ世話をしただろう。山伏たちはそこで一服し、国津姫を拝したと想像される。

それが今に続いていることは、海神社の山田秀重宮司に連れて行ってもらった浦上神社に修験者が参拝したことを示す碑伝《ひで》（行者札）が何枚も奉納されていたことでも明らかだ。同神社で会った庄司宏氏は「年に一、二回、十五人から二十人ぐらいの修験者が神社を訪れ、法螺《ほら》貝を吹き、お経をあげて、行者札を置いていきます」と語る。

中津川の山中にある第七経塚（アラレの宿）。葛城修験の大事な行場だ

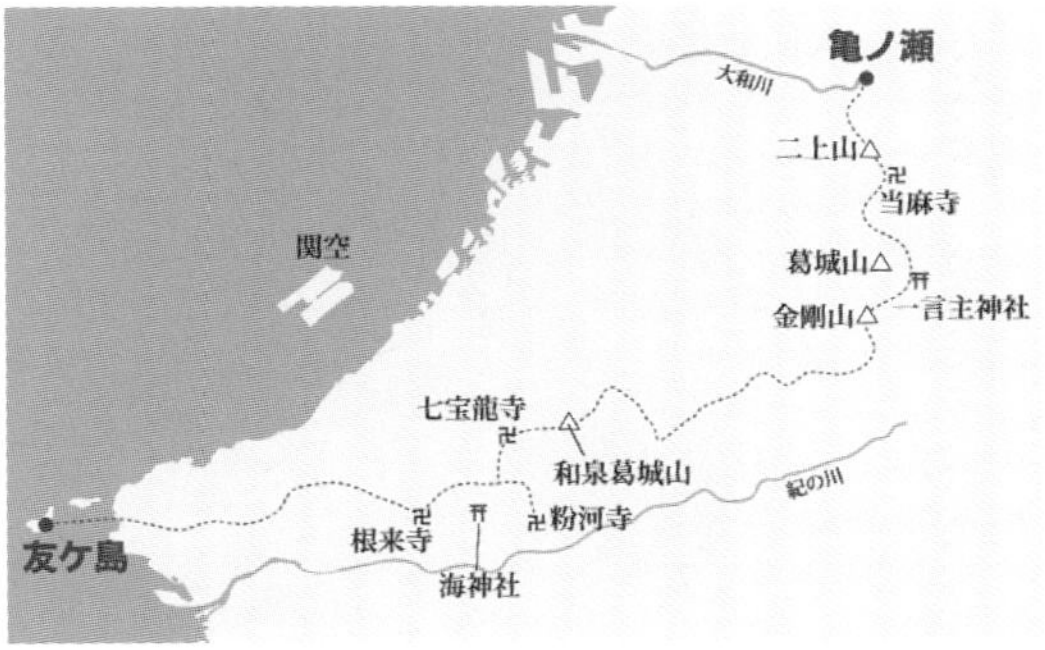

2 山伏の手で現社地へ

推測の中間まとめ

ここでもう一度、海神社の祭神について整理し、私の推測をまとめておこう。

①祭神は豊玉彦（豊海神《とようながみ》）と国津姫（浦上国津姫）だが、国津姫が最初に祀られ、後に豊玉彦が加わった。

②浦上国津姫は宗像《むなかた》三女神、とりわけ市杵島《いちきしま》姫と関係が深い。

③この女神の遷座ルートは「和泉国（泉州）の海→大木《おおぎ》峠→神通畑→神領の現社地」（『紀伊国名所図会』）と「熊野の浦神村→現社地」（『紀伊続風土記』）と二説あるが、前者のほうが古い伝承だろう。

二説をまとめて「浦神→和泉→大木峠→現社地」というルートも考えられなくはないが、「紀の川があるのに、なぜ大阪湾まで遠回りしたか」「神通の浦上神社の存在をどう説明するか」など問題が残る。

④和泉から神通（神通畑）までは、航海、漁撈の安全や船材の確保を願う宗像系の海人《あま》が船霊（船玉）として遷《うつ》した。
⑤神通から神領まで、今度は山伏（葛城修験者）の手で勧請されたのではないか。
④と⑤を分けたのは、大樹や水源を求めた人たちが山中に分け入り、自分たちが信奉する神を祀ったのは理解できるけれど、再び山を下り、紀の川がつくった河岸段丘の地にまで運んだ理由がわからないからである。
そこで出会ったのが葛城修験だ。その修行のコース上に神通があることを知り、実際、そこに鎮座する浦上神社で修験者の碑伝（行者札）を見た私は、この女神が和泉山中で海の民から修験者に「バトンタッチ」されたことを看取したのである。

修験者が女神を降ろす

中野榮治氏によれば、室町初期の葛城修験の道は神通から七宝瀧寺に向い、再び神通に戻って、万蔵地蔵・第六経塚・第七経塚（アラレの宿）・中津川・粉河寺などを巡る。

粉河寺は西国三十三所巡礼の第三番札所になっている古刹《こさつ》。私は、壮大な本堂の奥、階段上に鎮座する粉河産土《うぶすな》神社に一泊させていただくことになるが、そのことは後に述べる。

和泉山系から桜池あたりまで下って来れば、海神社のある神領も遠くない。神通の社に

役小角誕生の地とされると吉祥草寺。御所市茅原の平地にある

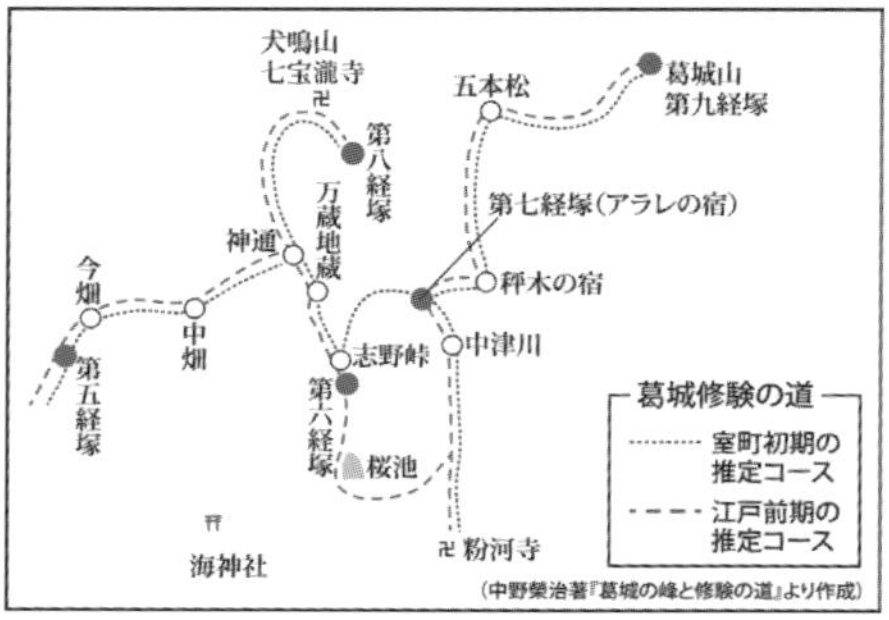

（中野榮治著『葛城の峰と修験の道』より作成）

詣でた修験者のだれかが、この女神を紀の川に近く、陸運・水運の便の良い場所まで「降ろした」という推論はどうだろうか。

海神社は「うながみさん」とも呼ばれる。その祭神浦上国津姫の「浦」と

「海」は意味も字画も似ている。また「上」と「神」は音が同じだ。神通から神領に遷座されたことに伴い、浦上（浦神）→海上→海といったように呼び名が変化した可能性もある。神通から神領への遷座の時期はいつごろだろうか。延喜式神名帳《えんぎしきじんみょうちょう》には「海神社」と明記されているのだから、それは延喜式がまとめられた延長五年（九二七年）以前だろう。とすれば、二十八宿（経塚）を巡る葛城修験の体系ができたとされる平安時代後期より古い時期ではなかろうか。

一方、修験道の開祖とされる役小角の伝承は延喜式よりさらに古い。和泉山系では、すでに彼の後継者を自称する山伏や仏道修行者たちが自らに厳しい課題を与えて山中を駆け巡っていたことだろう。

修験道は、自然界に霊魂（アニマ）が宿っているとするアニミズムに、神道、仏教（密教）、道教、陰陽道《おんみょうどう》などがミックスされた実践的、行動的な宗教だ。「カミ」と「ホトケ」が渾然一体《こんぜんいったい》となっているから、女神を崇めたり、山中より人々が多く暮らす場所に新たな拝所を設けたりしても不思議はあるまい。そこが浦上国津姫の第二の社になったのである。

小角のルーツは海人か

葛城修験と宗像の神々を結ぶ〝赤い糸〟にも注目したい。それは「役小角のルーツは宗

像海人であった」という前田良一氏の見方である。（前田良一著『役行者』、日本経済新聞社、二〇〇六年）

前田氏は小角が賀茂氏に属していたことから古文書をたどる。

ヤマト王権に国を譲った出雲の神、大国主の系譜について『古事記』は次のように語る。

故《かれ》、この大国主神、胸形《むなかた》の奥津宮《おきつみや》に坐《ま》す神、多紀理毘売命《たきりびめのみこと》を娶《めと》して生める子は、阿遅鉏高日子根神《あぢすきたかひこねのかみ》。次に妹高比売命《いもたかひめのみこと》。亦《また》の名は下光比売命《したてるひめのみこと》。この阿遅鉏高日子根神は、今、迦毛大御神《かものおほみかみ》と謂《い》ふぞ。（倉野憲司校注『古事記』、岩波文庫、一九六三年）

宗像（胸形）三女神の多紀理比売（『日本書紀』では田心姫《たこりひめ》）と大国主との間に生まれた子アジスキタカヒコネが迦毛（賀茂）の大神だと記す。この系譜から、賀茂一族の役小角は宗像系海人につながっているという推測になるのだろう。

アジスキタカヒコネ神は奈良県御所《ごせ》市の金剛山ろくにある古社、高鴨《たかかも》神社の祭神である。同社は全国のカモ（鴨・賀茂・加茂）神社の総本社といわれ、日本さくら草の栽培でも知られている。

奈良県明日香《あすか》村に暮らしていた頃、私は葛城地方を散策するのが好きだった。金剛山の

アジスキタカヒコネ神を祀る高鴨神社（奈良県御所市）

中腹、高天《たかま》地区の南方に鎮座する高天彦《たかまひこ》神社から奈良盆地を見下しながら「葛城の道」をたどるのも、高天から高鴨神社に下り重要文化財の本殿や池などを鑑賞するのも悪くない。

古代の葛城に詳しい平林章仁《あきひと》・元龍谷大教授は、大和の鴨族は山城の鴨族より古い氏族で、葛城から山城へ分派したとみている。

賀茂（鴨）は謎に包まれた氏族だから「役小角のルーツは宗像海人」と断定するには慎重でなければなるまい。ただ、前に引用した『日本霊異記』が「役の優婆塞は賀茂の役《え》という氏の人で、今の高賀茂朝臣《たかかものあそん》はこの系統の出である」と書いているように賀茂一族であることは間違いなく、例えば出雲系の神を介して宗像海人と何らかのつながりがあったことも考えられる。

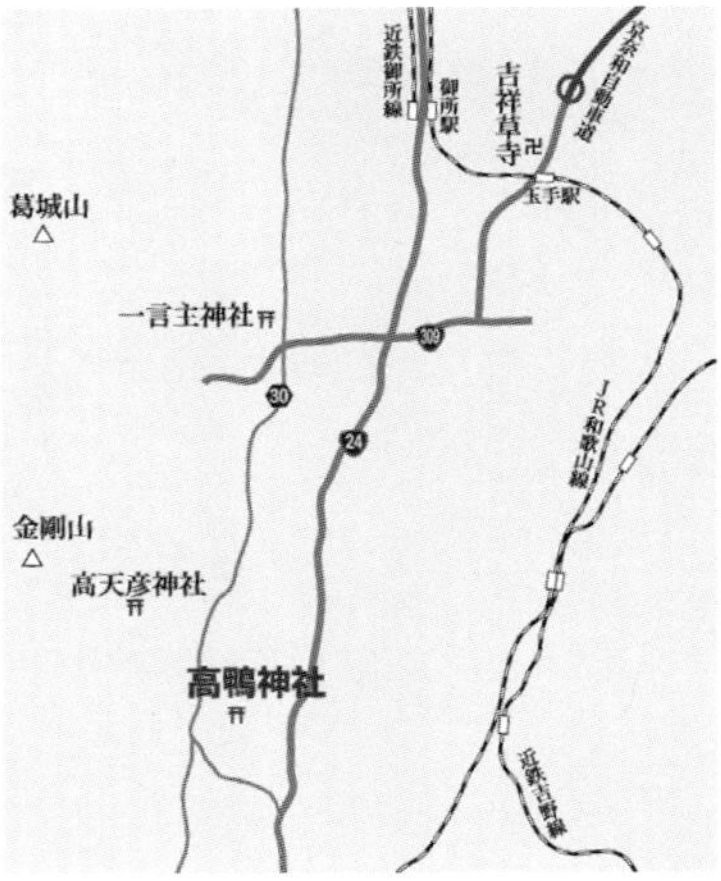

役小角を師と仰ぐ後世の山伏に『古事記』の知識がある人がいたら、宗像三神や浦上国津姫のような「旅する海の女神」も身近な存在に思えたのではなかろうか。

第六章

中津川

1 熊野、葛城修験の接点

中津川が中心地

紀の川市中津川（旧粉河《こかわ》町中津川）は粉河観音宗の古刹《こさつ》、粉河寺の北方にある。紀の川の支流中津川の上流に位置し、和泉山系と紀の川の間の山間地である。

私が中津川に興味を抱いたのは、そこが葛城修験にとって大事な場所であると同時に、熊野三山が拠点の熊野修験とも関係する、と聞いたからだ。つまりその地は両修験の「接点」なのである。

粉河町教育委員会が作成した調査報告書「葛城修験と中津川の山里」（二〇〇五年）は次のように書く。

中津川は（葛城）二十八宿中の「中台《ちゅうだい》」といわれ、葛城修験道の中心地とされている。「中台」は、胎蔵界曼荼羅《たいぞうかいまんだら》の中心部の四角の部分で、中台八葉といわれ中央に

孔雀を飼っている粉河産土神社

大日如来《だいにちにょらい》、その回りに蓮《はす》の花弁八葉に合わせ、八体の如来や菩薩が描かれている。本山《ほんざん》派聖護院《しょうごいん》はこの中台中津川で「葛城灌頂《かんじょう》」という重要な儀式を行ってきた。

修験道の言葉がいろいろ出てくる。胎蔵界は密教が説く二つの世界のうち、大日如来を慈悲または理（真理）の方面から説いた部門。胎蔵は母体の意でもあり、吉野の金剛《こんごう》界に対して、熊野は胎蔵界に属するとみられている。灌頂は修験者（山伏）の修行の完成を認定する儀式だ。

吉野、熊野を修行の場としてきた修験者のうち、天台宗系グループを本山派、真言宗系グループを当山派と呼ぶ。本山派は京都の門跡《もんぜき》寺院聖護院が、当山派は三宝院《さんぼういん》（醍醐寺）が統括した。

葛城修験の中心地が熊野修験にとっても要所だという。実際、中津川の奥地に熊野神社が鎮座する。中津川には「熊野の楯ケ崎や浦神から海神社の祭神が勧請された」という伝承の謎を解く手掛かりがあるかもしれない。そんな興味がわいてきた。

粉河寺と産土神社

『新編　和歌山縣神社誌』（和歌山県神社庁、二〇一〇年）の熊野神社（紀の川市中津川）のページには中山淑文《よしふみ》宮司の名前と問い合わせ先が書いてある。電話をするとご本人が出た。熊野神社は兼務社で、普段は粉河寺に隣接した粉河産土《うぶすな》神社に務めているそうだ。

二〇一六年十二月五日、粉河産土神社を訪れた。

粉河寺本堂から見た粉河産土神社

粉河寺本堂の左手奥に石段が延びており、上った先に立派な社殿が建つ。社務所で中山氏（昭和二十二年生まれ）が待っていてくれた。大阪でサラリーマンをしていたが、一九九九年に神職の資格を取り、二〇〇七年十月に同社の宮司になった。簡単な修理や看板作りなどは御手の物、農業高校出とあって樹木の剪定《せんてい》も自分でする。

社務所に若い女性がいた。大畑梓さん（昭和六十三年生まれ）。地元の人で、同社に通ううち神職に惹《ひ》かれ、二〇〇二年に巫女《みこ》に、二〇一三年に禰宜《ねぎ》になった。「私の後継者です」と宮司は語る。

粉河寺は西国三十三所巡礼の第三番札所。その鎮守社でもある粉河産土神社は、丹生津《にゅうつ》比売命《ひめのみこと》と天忍穂耳命《あめのおしほみみのみこと》が主祭神だ。丹生津（都）比売は高野山の地主神といわれ、伊都《いと》郡高野町や紀の川市にはこの女神を祀る神社がたくさんある。「丹《に》」は水銀を含んだ鉱物。水銀は顔料や仏像の鍍金《ときん》（メッキ）に使われたから、その探鉱者とも関係がありそうだ。アメノオシホミミはアマテラスの子である。

毎年七月に行われる粉河産土神社の粉河祭は、各町の趣向をこらした山車《だし》（だんじり）の巡行で名高い。

粉河祭と聞いて国文学者で歌人の折口信夫《おりくちしのぶ》の若き日のエピソードを思い出した。彼は祭りの翌朝、路上に曳《ひ》き捨てられた「だんじり」上部の飾り（髭籠《ひげこ》）を見て、それは神が天空からそこに降臨する依代《よりしろ》だと考えた。依代（神を迎える側からは招代《おぎしろ》）について論じた「髭籠の話」は大正四年（一九一五年）から五年にかけて雑誌『郷土研究』に載り、民俗学者としての出発点となった。

粉河産土神社では一羽の孔雀を飼っている。二〇一七年は酉《とり》年。絵馬には孔雀が描かれた。

中津川の熊野神社

中山宮司の運転する軽四輪で熊野神社に向かった。桃や蜜柑《みかん》畑の中をひたすら登る。途中、葛城修験の行場である第七経塚（アラレの宿）に立ち寄った。松の木のもとに「妙法蓮華経化城喩品《けじょうゆほん》第七経塚」と書かれた金属製の柱が立つ。化城喩品とは釈迦が遠い先にある宝の城へ導くたとえだという。また「大乗妙典一石一字五穀成就《じょうじゅ》」と彫られた寛延四年（一七五一年）の石柱もあった。そこが経塚のようだ。

金属柱と石柱の間に金属のカゴが置かれ、その中に葛城修験や聖護院門跡の碑伝《ひで》が何枚も入っていた。修験者たちがここで読経し、奉納していった木札である。

熊野神社に至る登り道は狭く、ところどころ道の端のコンクリートが欠けている。脱輪することもしばしばあるという。中山氏は兼務する六社を毎月回っているが、「月回り」

中津川の山中に鎮座する熊野神社

の最後に詣でる熊野神社行きには鉈《なた》を持参する。道をふさぐ折れた木の枝を取り除くためだ。

車道の行き止まり、木々に囲まれて鎮座する熊野神社は、文字通り「神《かん》さびた」趣の社だった。昔、このあたりの谷筋にあった集落が次第に下に移り、神社だけが残った形である。

森閑《しんかん》とした境内に、春日《かすが》造りの社殿が二つ並ぶ。第一殿には熊野久須毘命《くすびのみこと》と天忍穂耳命が、第二殿には丹生都比売命と天御中主命《あめのみなかぬしのみこと》、大鞆和気命《おおともわけのみこと》が祀られている。アメノミナカヌシは高天原《たかまがはら》に最初に出現したという神、オオトモワケは応神天皇の別名とされる。

なつかしかったのは、熊野で馴染みの熊野久須毘命に出会ったことだ。アマテラスとスサノヲが誓約《うけい》（古代の占い）をした時に、姉の飾り物をかみ砕いた弟が、口から噴き出した息の霧から生まれた一神である。熊野久須毘命は『古事記』の表記で、『日本書紀』は熊野櫲樟日命《くすびのみこと》と書く。古代人が丸木舟を作ったクスノキ（楠、樟）の大木の神格化かもしれない。

2 前鬼の子孫が今も住む

聖護院と熊野神社

中津川山中の熊野神社は『紀伊続風土記』の那賀《なが》郡粉河荘下　中津河村の項に「産土神社」の名で次のように載っている。

○産土神社　境内周五町半

本社二社

若一《にゃくいち》王子
熊野権現
相殿　表行五尺二寸
裡行三尺四寸

丹生《にゅう》明神
妙見菩薩
相殿　表行五尺四寸
裡行三尺八寸

末社六社
八王子社　春日社　山神社
天満宮　牛神社　稲荷社

村の北十五町にあり一村の産土神なり　又奥院《おくのいん》と称して役行者の開基といふ　社破壊の時は聖護院宮《しょうごいんのみや》より造営し給ふ　毎年聖護院三宝院先達《せんだつ》神前にて祈禱大護摩《おおごま》修行あり　祠《ほこら》前の石灯籠正平二十四年十一月と刻《きざ》めり　祠の前後行所旧跡と唱《とな》ふる者甚《はなはだ》多し　悉《ことごとく》書《しる》さす　行者の墓一言主《ひとことぬし》の宝塔と称するものあり　又行者の碑石あり梵字《ぼんじ》を刻む　行者の真筆なりといふ　漫漶《まんかん》して文字分明なら漶す

（『紀伊續風土記㈠』、歴史図書社、一九七〇年）

「墓」「真筆」の類《たぐい》はいつの世にもあるものだ。「漫漶」は、はっきりせずわからないさま、をいう。

同時代の地誌『紀伊国名所図会』の説明もほぼ同じ。ただ『紀伊国名所図会』には、少し下ったところにある極楽寺や行者堂を含めた挿絵が載っている。

正平二十四年は南朝歴で一三六九年だ。その石灯籠は現存し、年号も読める。南北朝時

『紀伊国名所図会』が描く中津川（『紀伊名所図会（二）』、歴史図書社から引用）

代から崇敬を集めていたわけで、歴史は古い。

ここで聖護院と熊野のかかわりをみておこう。

平安後期から熊野を実質的に支配したのは熊野別当家だった。しかしその力は一二二一年に起きた承久《じょうきゅう》の乱（後鳥羽上皇が鎌倉幕府倒幕に失敗した）をさかいに衰えた。別当家に代わって熊野を統括するようになったのが、京都に本拠を置いた熊野三山検校《けんぎょう》である。

初代熊野三山検校は寛治四年（一〇九〇年）白河上皇の熊野御幸《ごこう》の先達《せんだつ》を務めた園城寺《おんじょうじ》（大津市にある天台宗の三井寺《みいでら》）長吏《ちょうり》（寺の統括者）の増誉《ぞうよ》だった。修験道の研究者である宮家準《ひとし》氏によれば、増誉後の歴代検校は聖護院（京都市左京区）に所属した僧が就任することが多く、二十代検校の道意《どうい》以降は聖護院門跡の重代職になった。宮家氏は「すでに鎌倉期から聖護院が熊野三山検校になることが慣例化していた」と述べている。

（『熊野修験』、吉川弘文館、一九九二年）

こうした歴史的な背景で、天台宗系の熊野修験本山派を統括する聖護院が中津川ともかかわり、そこに建てられた産土神社（現熊野神社）を支配下に置くようになったのだろう。今の二棟の本殿は寛政九年（一七九七年）建立《こんりゅう》で、本殿扉の菊紋は聖護院宮家の紋という。

『紀伊国名所図会』の挿絵を見ると、本殿前に「大コマ所」と書かれた木枠が描かれている。昔はそこで護摩を焚《た》いたと思われる。熊野神社は現在も修験者の信奉を集め、境内には「本山修験宗　聖護院門跡」「熊野修験　那智山青岸渡寺《せいがんとじ》」など奉納者を記した碑伝が何枚も置かれていた。

●第七経塚（アラレの宿）

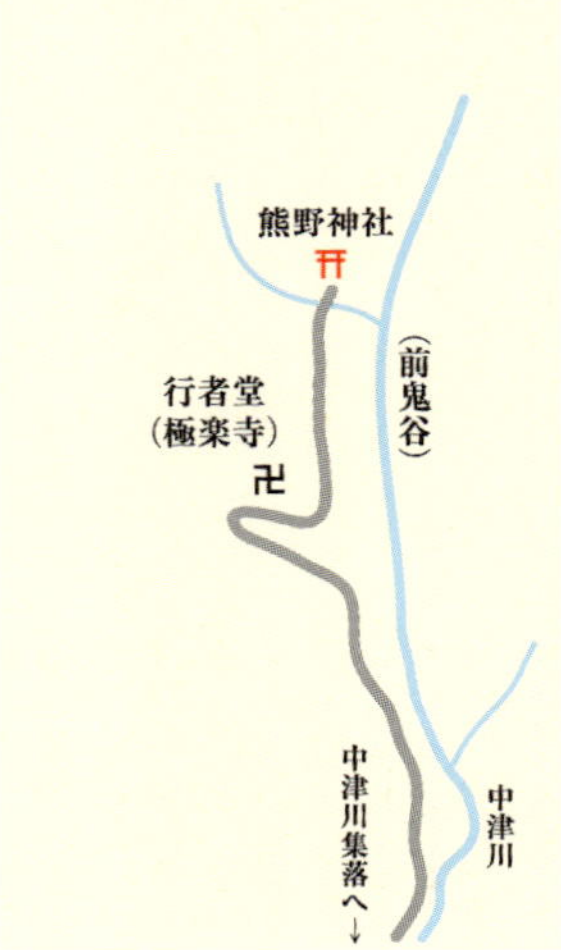

修験道の開祖とされる役小角が実際ここまでやって来たかは、わからない。しかしその伝承の根強さは、役小角に随《したが》って中津川の行場開拓を助けた「鬼の子孫」が今日までい

ることに示されている。

前鬼と後鬼

『紀伊続風土記』は中津河村の項で「役小角葛城を開きし時斧《おの》を執《と》りて前に在る者を前鬼《ぜんき》といひ後に在る者を後鬼《ごき》といふ　後鬼の家は今大和国吉野郡泥川村に五軒あり　前鬼の家は当村これなり　旧五軒なりしに子孫分かれて別家となり十五軒許《ばかり》になる　又外より入来《いりきた》る者ありて今の姿となれり」と記す。泥川は現在の奈良県天川村洞川《どろがわ》。大峯《おおみね》修験者の聖地・山上ケ岳への登山口に位置する。

熊野神社の入り口に立つ「葛城前鬼谷」の石柱

鬼の子孫は吉野と熊野を結

中津川の行者堂

ぶ大峯奥駈道《おくがけみち》から少し下った奈良県下北山村の前鬼地区にもいる。私の友人、五鬼助《ごきじょ》義之氏だ。以前は五鬼助、五鬼継《つぐ》、五鬼上《じょう》、五鬼童《どう》、五鬼熊《くま》という五軒の宿坊があり修験者たちを支えてきた。今は大阪府寝屋川市に住む五鬼助夫妻が週末にやってきて小仲《おなか》坊《ぼう》を守っている。

　中津川山中の熊野神社の入り口に「葛城前鬼谷」と彫られた大きな石柱が立つ。また行者堂の脇には鬼の子孫が建てた石碑があり、次のように記されている。（カッコ内は筆者）

葛城の五鬼

往昔《おうせき》役行者葛城の嶺を開き給う時この地に留錫《りゅうしゃく》（行脚《あんぎゃ》中の僧が一時的にとどまること）され随身の子等五鬼を当地に遣《つかわ》さる。以来五家と称し子孫連綿として行者堂の老分（長老格）をつとめ、中世聖護院の宮より官名を賜《たま》わる。役行者生誕千三百五十年を期し、その名をこゝに刻す。

前阪主殿《まえさかしゅでん》
亀岡式部《かめおかしきぶ》
西野主馬《にしのしゅめ》
中井《なかい》左京《さきょう》
中川但馬《なかがわたじま》

一九八四年九月五日

碑文の五氏は『紀伊続風土記』と『紀伊国名所図会』に載る名前である（「前阪」は両書では「前坂」）。名前の読みは『名所図会』によった。

現在の中津川地区七十二、三軒の大半がなおこの五家の姓を名乗っているという。鬼伝承は今に息づき、中津川の人々を結束させている。

3 花に包まれ聖護院の入峰

「鬼」の子孫と修験者

「修験者を大切にし、接待せよ」

役行者のこの言葉を守ってきたという中津川の前鬼の子孫にとって、京都聖護院とその修験者は特別な存在だ。聖護院が中津川を配下において以来、地元の人々は諸役を免除され、鎮守社（熊野神社）の修理も聖護院が行った歴史をもつ。それだけに、聖護院門跡を主と仰いできた。

二〇〇二年九月、中津川の行者堂で闇のなか執《と》り行われた聖護院の葛城灌頂《かんじょう》は三百人を超す山伏を対象に挙行された大行事。道の整備、トイレ、食事の準備など地元は大忙しだった。二〇〇七年、宮城泰年氏が聖護院門主に就任した時は、中津川から十数人が招かれた。

毎年春、聖護院の一行が葛城修行にやってきて、行者堂の前で護摩を焚く。二〇一七年

行者堂前で行われた採燈護摩供養

は四月九日の日曜日だった。

その前日、餅投げ用の餅づくりに忙しい中津川集会所に亀岡末廣（昭和二十年生まれ）、西野初雄（昭和十五年生まれ）、中川政巳（同）、亀岡重臣《しげとみ》（昭和十一年生まれ）の四氏が集まってくれた。

聖護院と直結しているというプライドからだろうか、明治の初めぐらいまで中津川の人々と他村との婚姻はなかった。

「私のひいおじいさんが中川家から嫁をもらった。その奥さんが亡くなり、粉河の町中の人と再婚したのが他村との初めての結婚だったそうです」と西野氏。「名《みょう》字《じ》帯刀《たいとう》を許され、刀を腰に百姓仕事をしていたという話も聞いたことがある」と亀岡重臣氏は語る。

亀岡、西野、中川に前阪、中井を加えたのが役行者に仕えた「五鬼」の末裔《まつえい》という五家で、今もこの家名が中津川集落の大半を占めているというのは驚きだ。

西野氏は、「大和国吉野郡泥川村（奈良県天川村洞川）に後鬼の家が五軒ある」とする『紀伊続風土記』の記述を頼りに、洞川で「鬼の子孫」を探したが見つけられなかった。「中津川でも五鬼の血はだんだん薄らいでいる」（中川氏）とはいえ、文化と伝承、結束を守ってきたことは特筆されるべきだと私は思う。

中津川の人々は粉河産土神社とも縁が深い。同社の粉河祭では二年に一度、中津川からの十六人が八人ずつ、二台の神輿《みこし》の渡御《とぎょ》の先導役を務める。これを「禰宜《ねぎ》渡り」と呼ぶ。草鞋《わらじ》のまま本殿に上り、扉を開けるところから祭りが始まるという。

入峰に同行した

四月九日の聖護院の葛城入峰《にゅうぶ》は桜が満開の粉河寺からスタートした。「朝早いから、うちにお泊まりなさい」との中山淑文宮司のお言葉に甘えて、八日は夫婦で粉河産土神社に泊めていただいた。

入峰当日はあいにくの雨だった。七時半、法螺貝《ほらがい》の音が響き、「総本山聖護院門跡」と

熊野神社で読経、法螺貝を吹く

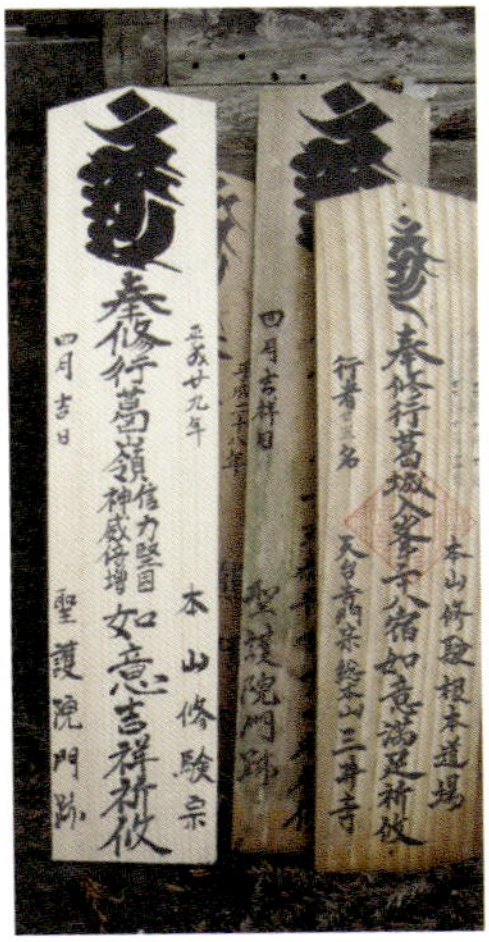

この日、熊野神社に奉納された碑伝（左）

書いた旗を先頭に山伏姿の一行が粉河寺にやって来た。全国から集まった総勢四十五人のうち十二人が女性。今回の葛城修行は二泊三日で、初日は葛城修験の道が始まる和歌山市加《か》太《だ》、前日は粉河の旅館に泊まったそうだ。

粉河産土神社で般若心経《はんにゃしんぎょう》を唱え法螺貝を吹くと、本殿脇の小屋で飼っている孔雀が「クヮー」と答えた。

八時二十分出発。神社裏手の行者堂を参

拝して、桃の花が美しい小道を進む。「桧木宿《ひのきのしゅく》の跡」の石碑が立ち、下を京奈和自動車道が通る場所を過ぎると、コンクリート舗装はしてあるが幅が狭い登り道になる。中津川に沿った道脇には町石や地蔵が立っている。

私たちは一行のしんがりを粉河産土神社禰宜の大畑梓さんと歩いた。中山宮司が「私の後継者」と語る女性で、初の峰入り体験という。

九時四十五分、行者堂に到着。不思議なことにその直前に雨がぴたりとやみ、晴れ間すら見え出した。行者堂の前庭では中津川集落の人たちが護摩壇に檜《ひのき》の葉を山積みして準備を整えていた。ここで一行は二手に分かれ、一部はさらに登った第七経塚（アラレの宿）へ、他は護摩壇の周囲に結界《けっかい》を示す縄を張り、縄に色紙を吊《つる》す作業をした。「しで」のような色紙は水幣《みずべい》といい、護摩焚きの後、お守りとして住民に配られた。

第七経塚に行った修験者が戻ると、一列になって少し上の熊野神社へ。熊野神社近くの谷を「前鬼谷」と呼ぶ。中津川集落は以前、そのあたりにあった。もともとそこに住んでいた人たちが初期の修験者に協力したことから五鬼伝承が生まれたのではなかろうか。

熊野神社の社頭で読経、一斉に吹いた法螺貝の音が前鬼谷にこだました。

正午前、行者堂に戻ってメインイベントの採燈護摩供養が始まった。結界の内側に修験者たちが並び、大きな椅子には一行を率いる聖護院の中村覺祐執事長（現宗務総長）が座った。

　供養の前の山伏問答が面白い。結界の外に並ぶ八人ほどの先頭に立つ修験者が「案内申《もう》」と声を上げた。対応した修験者が入り口で「どこの者だ」「どこから来た」と尋ねる。「聖護院門跡の配下だ」と答えると、「それなら修験道の心得があるはずだ」として、「そもそも山伏、修験道の義は如何に？」「修験道の開祖は？」「「本尊は？」などと畳み掛け、さらに身に着けている品々の意味や用途を問い質すのである。

　先頭の若い修験者は「山伏とは山に入り、煩悩《ぼんのう》の敵を降伏《ごうぶく》するの意」「修験道とは修行を積みて、その験徳を顕《あら》わす道なり」といった内容をすらすらと答えた。

　最後に、迎えた修験者が「さきほどよりの答え、聖護院配下の山伏に間違いなし。しからばお通り召され」といい、一行を中に通して儀式は終わった。

儀式の意味合い

　一緒に見学した和歌山県立

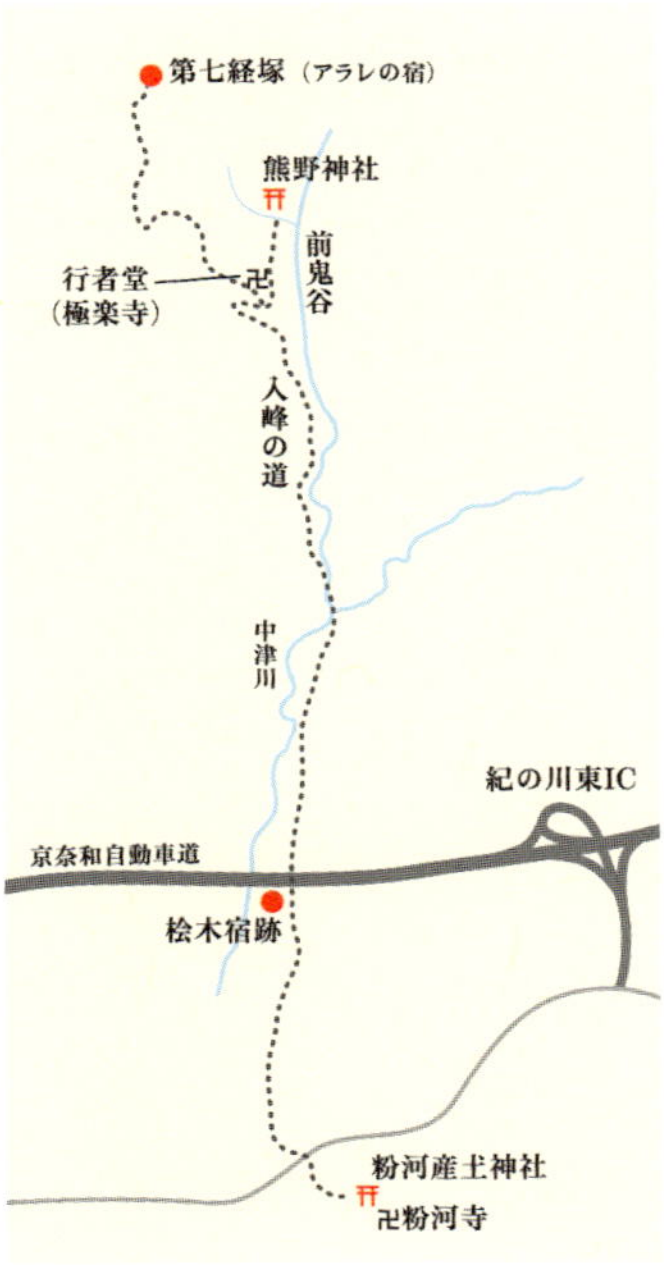

博物館主査学芸員の大河内智之氏は「問答は修験道の新客（初心者）に『修験道とは何ぞや』を問いかける形を通じて、それを聞く人への宣伝も兼ねたものです。今回は護摩焚き行に出くわした聖護院の行者が参加させてもらう、という設定の問答になっています」と解説してくれた。

全員が結界の中に入ったところで中村執事長が表白《ひょうびゃく》（供養願文《がんもん》）を読み上げた。そして檜の葉に着火。雨で湿って火付きは悪かったが途中から勢いよく燃えた。護摩木が次々投げ入れられる。私も「家内健康」と書いて焚いてもらった。

最後は餅投げだが、地面がぬかるんでいたため、袋にたくさん入った丸餅をめいめいいただいて山を下りた。

第七章

吉野の海神社

1　山頂に海人族の足跡

吉野・室生にもある海神社

　私は熊野に暮らす前、奈良県明日香《あすか》村にしばらく住んでいた。そのじぶん、同県宇陀《うだ》市室生《むろう》の海神社を訪れたことがある。海神社はほかに吉野の山中にもあるという。

　和歌山県北部を東から西に流れる紀の川は、奈良県に入ると吉野川へと名前を変える。その上流域奥深くまで海人族は分け入ったのか。そんな興味も手伝って、吉野に詳しい奈良県大淀《おおよど》町教育委員会学芸員の松田度《わたる》氏に案内をお願いした。

　二〇一七年一月二十四日は西日本に寒波が襲来した日だった。奈良県上北山村と川上村を分ける伯母峰《おばみね》峠の道路事情が心配で、四輪駆動車にチェーンを積んで行った。国道169号の積雪はさほどではなく、普通タイヤで峠越えができた。

　午前十時、近鉄の吉野口駅で紀の川市の海神社の山田秀重宮司らと待ち合わせ、八人が二台の車に分乗して出発した。

波宝神社（奈良県五條市西吉野町夜中）

「神蔵大明神」と記された波宝神社の鳥居の額

波宝神社

最初の目的地は五條市西吉野町夜中《よなか》に鎮座する波宝《はほう》神社である。県道20号を南下、途中で延喜式内社に比定《ひてい》される波比《はひ》売《め》神社の前を通って、西吉野町の白銀《しろがね》地区から山道に入った。

雪道をしばらく登ると、赤い鳥居に至った。鳥居には「神蔵《かみくら》大明神」とある。

波宝神社の元の名だという。鳥居からさらなる上の銀峯山《ぎんぷさん》山頂（六一四メートル）に建つ社殿は寛文十二年（一六七二年）建立《こんりゅう》の県指定文化財というが、雪の急坂は四駆も登れず、断念した。

銀峯山は白銀《しろがね》岳とも呼ばれる。熊野修験の聖地・金峯山《きんぷせん》は吉野山から山上ケ岳《さんじょうがたけ》までの連峰の総称である。銀峯山は「本家」を意識して付けられた名前だろう。実際、銀峯山は修験の行場だ。『西吉野村史』（一九六三年）は「役小角がこの山で秘法を行うと神女が現れ石室に入ったので以後、神蔵大明神と称して、大峯山《おおみねさん》参詣の人たちの先達《せんだつ》の修行場になった」との伝承を伝える。

延長五年（九二七年）に完成した延喜式の神名帳（全国の官社一覧）に載った神社を式内社と呼ぶ。前を通った波比売神社とともに、波宝神社も式内社に比定されている。吉野の山中にそんな古社が点在しているのは驚きだ。

興味深いのは波宝神社の祭神である。『西吉野村史』によれば表筒男命《うわつつのをのみこと》、中《なか》筒男命、底《そこ》筒男命と息長帯《おきながたらし》比売命《ひめのみこと》（神功《じんぐう》皇后）だ。前の三神は住吉三神と呼ばれ、黄泉《よみ》の国から逃げ帰ったイザナキの禊《みそぎ》から生じた神々とされる。この社は元々、住吉系の海人が拓いたのかもしれない。

神功皇后は第十四代仲哀《ちゅうあい》天皇の皇后で、十五代応神天皇の母とされる伝説的な女性だ。

お腹に応神を宿す臨月の体で新羅《しらぎ》攻めの軍勢を率いた、と『日本書紀』は記す。波宝神社の由緒によると、朝鮮半島から戻った皇后が紀伊国に向かう途中でこの地を通った時、真昼なのにあたりが夜中のように暗くなった。そこで神に祈るとまた日が照り出した、という。この日食伝説が「夜中」の地名由来である。

海津神社

波宝神社を後にした私たちは、尾根伝いの道を南西の竜王山《りゅうおうざん》（六一九メートル）山頂にある海津《かいつ》神社に向かった。雪に覆われた道は狭く、左側は急斜面だ。神社までは無理と判断して、手前の民家の前に車を置き、歩いて山頂をめざした。

山々の向こうに銅《あかがね》岳の別名をもつ標高七八一メートルの櫃ケ岳《ひつがだけ》がそびえる。金・銀・銅と修験行場のそろい踏みである。

「海津神社」と彫られた石柱のところに木の鳥居が立ち、石段が上にのびている。竜王山の山頂は平地で、石積みの上に瑞垣《みずがき》に囲まれた小さな木の社が三つ並んで

波宝神社近くの海津神社には社殿が三つ並ぶ

海津神社の入り口

いた。『奈良県吉野郡史料　下巻』（一九一三年）によると、祭神は和多都美神《わたつみのかみ》で、春日《かすが》・青木の二社を併祀《へいし》している。

ワタツミ（綿津見、少童）は文字通り海神《わたつみ》である。ワタツミ神を崇《あが》めた阿曇《あづみ》（安曇）系の海人が祀ったのかもしれない。

海津神社は元々「海神神社」と呼ばれ

ていた。松田氏は「ワタツミ↓ワタツ↓カイツと読みが変わっていったのではないでしょうか」という。

真ん中の社殿に鍵はかかっていなかった。中をのぞくと、高さ五十センチメートルほどのピラミッド型の石が納められていた。はっきりとはしないが、上り龍のようなものが彫られている。

龍は水神であり、雨乞いの神だ。想像上の動物・龍は漁民からも農民からも崇められ、大和や吉野には竜王山、室生龍穴《りゅうけつ》神社、龍蓋寺《りゅうがいじ》（岡寺）など、その名を冠した地名や社寺が少なくない。海神と龍神は自然に重なり、祀られる。

竜王山のふもとには和田という地名がある。紀の川市神領の海神社近くにも古和田の地名が残る。前に黛弘道氏の見解を紹介したが、和田は「ワタ」、つまり「海」を意味する古代朝鮮語「パタ」から転じた地名ではなかろうか。波宝神社に住吉三神が、海津神社にワタツミ神が祀られてきたことと併せて、吉野山中に海人族の足跡《そくせき》を感じさせる。

海神社を巡る探索は、さらに三か所の海神社（奈良県吉野郡下市町立石、宇陀市室生大野、宇陀市室生三本松）へと進んだ。

2 神職は「海人族の子孫」

立石の海神社

吉野山にほど近い奈良県吉野郡下市町立石の海神社は、立石地区の産土神《うぶすな》である。下立石バス停から、車一台がやっとという山道を登った。幸いこのあたりは雪が少なく、神社まで車で行くことができた。

狛犬《こまいぬ》に左右を守られた石の鳥居から、急な石段が一直線にのびている。その上の平地からさらに石段を上ったところに、瑞垣に囲まれた本殿が建つ。流れ造り、屋根は銅板葺《ぶ》きで大正六年（一九一七年）に新築されたという。

拝殿に掲げられた額によると同社の祭神は八大《はちだい》龍王で、「桃山時代の永禄八年（一五六五年）に上棟《じょうとう》し、龍王宮社と呼ばれていた。明治七年（一八七四年）八月に石神《いし》社を合祀し、社名を海神社と改めた」という説明が書かれている。

本殿は左右それぞれに扉がある。向かって右が旧龍王宮社、左が石神社のようだ。境内

下市町立石の海神社

宇陀市室生大野の海神社

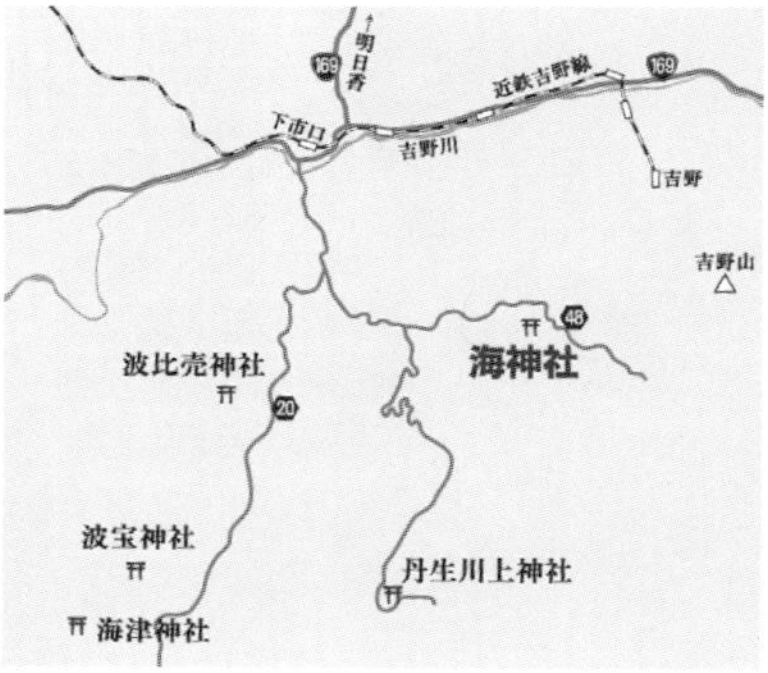

にある石灯籠や狛犬は明治以降の献納だが、うっそうとした樹林の中のたたずまいは、そこが古《いにしえ》からの祈りの場であると思わせるに十分だった。

室生大野の海神社

私たちが最後に訪れた二つの海神社は、

宇陀市室生三本松の海神社

国道165号のわきを流れる宇陀川沿いにある。「女人高野《にょにんこうや》」として知られる室生寺にさほど遠くない場所だ。

まず、宇陀市室生大野に鎮座する海神社。近鉄大阪線の室生口大野駅から磨崖《まがい》仏《ぶつ》で有名な大野寺へ向かう道筋にある。石の鳥居をくぐり、両脇に杉や檜《ひのき》の大木が林立する石段を上ると、三間社流《さんげんしゃながれ》造《づくり》の本殿が目に入った。江戸初期の建築といわれ、奈良県の指定文化財である。

祭神は豊玉姫命《とよたまびめのみこと》。神話によれば、高天原から天降ったニニギノミコトの子ホヲリ（山幸彦）は、失《な》くした兄の釣針を捜して海神の宮に向かう。そこで出会った海神の娘豊玉姫と結ばれ、ウガヤフキアエズが生まれる。彼が豊玉姫の妹玉依《たまより》姫《びめ》を娶《めと》って誕生したのが神武兄弟、という筋書きだ。

同社には、室生寺の奥に鎮座する室生龍穴神社から善《ぜん》女《にょ》龍王を勧請して祀った、という伝承がある。ここでも龍神が絡んでいる。

私は二〇〇四年末の定年後、奈良県明日香村に移り住み、古代史を勉強した。二〇〇八年から翌年にかけて、朝日新聞に「海《あま》から天《あま》へ　熊野・大和幻視行」という題の連載をした（『ヤマト王権幻視行』として方丈堂出版から上梓《じょうし》）。その取材で大野の海神社を訪ねた折り、先代宮司だった勝田勲氏の話をうかがうことができた。

「祝詞《のりと》などでは、この神社を『わたつみのかむやしろ』と読んできました。古代、海人族がこのあたりに移り住んだといわれています。私もその子孫ではないかと思います」。勝田氏がそう語ったのを覚えている。

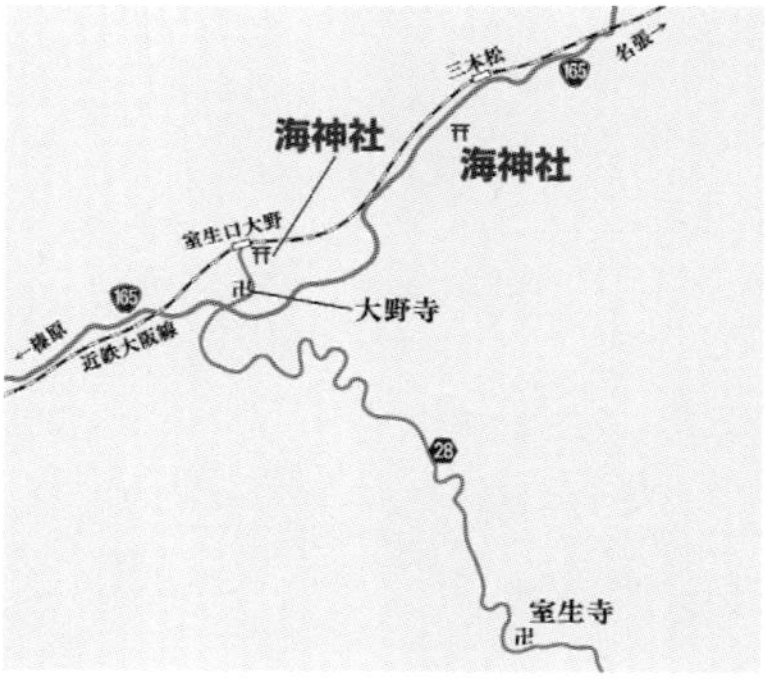

室生三本松の海神社

吉野の海神社巡りのおしまいは、近鉄の隣駅、三本松から国道と宇陀川を渡った宇陀市室生三本松の海神社だった。
川沿いに立つ石板に記された「海神社縁起」には「応永三年（一三九六年）室生龍穴神社から善女龍王を勧請した。明治初年の神仏分離令によって豊玉姫命を祭神とし、社号を海神社と改称した。海神の化身は龍神だから、本地に帰ったともいえよう。豊玉姫命は水を統御し、五穀豊穣をもたらす神でもある」と書かれている。

水を司る龍（龍王）は神社でも寺でも祀られる。神仏習合の時代が長く、またそれが人々の心に自然に溶け込んだこの国では、神道と仏教のカミは入り混じった。二つの海神社は歴史をくぐって、海の民の香りを残すのにふさわしい社名に落ち着いたといえるのではないか。

三本松の海神社に着いたのは夕刻。本殿や石灯籠に灯った明かりが雰囲気を醸し出していた。

なぜ山の中に海神社が？

それにしても奈良県の山間部のあちこちに、なぜ海神がまつられているのだろうか。それについて『大和下市史　続編』（下市町教育委員会、一九七三年）の中で「古代　黎明期《れいめいき》の下市」を共同で執筆した菊田仁郎氏と吉川藤兵衛氏が興味深い見解を示している。少し長くなるが、その要所を紹介したい。

吉野川流域の先史遺物のうち、縄文式土器に於《お》いて、宮滝から出土した貝殻圧痕《あつこん》のある土器は、岡山県渡口郡大島村津雲の出土土器と同系であり、桜ケ丘出土土器と神戸市須磨区山田、岡山県児島郡粒江村磯の森の爪形文土器とは同系統のものと認められている。こうした点から瀬戸内海岸に住んでいた古代人が、紀伊水道を経て和歌山付近に移動し、更に紀の川を遡《さかのぼ》って吉野川流域に住みついたと言える。（中略）

現在の和歌山市付近には当時多数の海部《あまべ》が住んでいた。この海部が紀の川を遡って、一部は秋野川流域の立石に住みつき、自分たちの祭神である海神社を祭ったのである。他の一部は丹生川《にゅうがわ》を遡り、西吉野村夜中に海津神社と、航海の守護神である表筒男命、中筒男命、底筒男命の三神を祭神とする波宝神社を祭った。立石にしても夜中にしても、あのように高い山の上に漁民の神や航海の神を祭ってあるのは、海部との関連なしには考えられない。（中略）

更に海部は吉野から宇陀地方に移住し、三本松村三本松と大野に海神社を祀っている。このように吉野、宇陀地方に海部に関連のある遺跡が残っているのは、紀の川河口付近に住んでいた漁民の海部が、先史時代に吉野川をはじめ、秋野川、丹生川流域へ移住してきたことを示しているものと言える。

これは、吉野川流域の海神社や同系の神社のつながりを、川筋をたどった海人族の奥地への移動という面からとらえた説として、参考になる。

第八章

熊野修験

1 海辺の修行路は古い

推理を女神の口から

紀州藩の地誌『紀伊続風土記』で紀の川市神領の海神社とその祭神を知り、興味を覚えた私は、同社に最初に祀られたと思われる浦上国津姫はどんな神か、どのようなルートで海神社まで運ばれたのか、関係する場所を巡りながら考えてきた。

謎解きは道半ばながら、これまでの私の推測を、宗像三女神を代表して市杵島姫《いちきしまひめ》の口から語っていただこう。

「私たちは、北九州の海に生きる人たちに、航海の安全を願う神として祀られていました。宗像系の海人がこの国の各地に広がるにつれて、私も別の名前で呼ばれたり、異なる神様と同一視されたりするようになりました。浦上国津姫は『浦（漁村）を守る地元の女神』という意味で、本名よりわかりやすいから、そう呼ばれるようになったのでしょう。仏教が普及すると、元はヒンズー教の水神・弁財天とも習合したのです」

「海神社への道筋ですか？　最初はいま関西国際空港がある和泉国の海浜に定住した宗像系の人たちに崇められていました。彼らは丸木舟の船材となる大きな木を求めて山中に分け入ったのです。山は耕作に欠かせない水をもたらします。稲作を始めた彼らの仲間は水源をさがし、水神を敬って山に入ったのでしょう。こうして私は大木峠を越えた山中の神《じん》通《づう》の地に祀られたのです」

「神通は『私がそこを通った』意味から付けられた地名だそうですね。そこは和泉山系を修行の場とする山伏たちの通り道に当たっていました。彼らは私のお宮も参拝してくれました。そのうち、山伏の誰かが、私を紀の川や、その河口と奈良盆地を結ぶ街道に近い、現在の神領に勧請したのです。それがいまの海神社になりました」

「『延喜式』という律令の施行細則に、国が認めた神社の一覧表（神名帳）が載っています。海神社の祭神は一座（一神）だけで、それは国津姫つまり私です。いま一緒に祀られている豊玉彦さまは後に海神社にお越しになった神様です。私たちは別々のお社《やしろ》に祀られていましたが、秀吉公の紀州攻めで神社が丸焼けになり、再建されたときから一緒の社殿（相殿《あいどの》）で暮らすようになりました」

それでは、海神社に残る「海神系図《うながみ》」（一五八六年）、「日本一社船玉海神宮略記」（一八四六年）、江戸後期の『紀伊続風土記』、『紀伊国名所図会』などがそろって「熊野の楯ケ崎から遷座した」と述べる豊玉彦（豊海神）はいったいだれが勧請したのか。また国津姫が那智山に遠くない浦神から現在地に勧請されたという伝承は、どのような背景で、だれの手でもたらされたのだろう。

行動範囲の広い熊野修験

熊野→紀の川という〝ミッシング・リンク〟の解明は難問だ。豊玉彦の一連の遷座伝承は現状で一番古い史料である「海神系図」がそのルーツだろうが、「海神系図」を補完する材料はない。浦神と海神社を結ぶ文書も『紀伊続風土記』ぐらいしか見当たらない。

思案していた私に手掛かりを与えてくれたのは国文学、民俗学者の丸山顯徳《あきのり》氏だ。同氏は、谷川健一編『日本の神々6　伊勢志摩伊賀紀伊』（白水社、二〇〇〇年）の中の海神社の項で、浦上国津姫の勧請に和泉山中の修験者がかかわっている可能性を指摘するとともに、「男神が熊野という遠隔地から勧請されたという伝承も、広い行動半径をもつ熊野行者の存在を推測させる」と述べている。

女神の遷座に葛城修験が絡んでいたのではないかということは予想できたが、「豊玉彦（豊海神）と熊野修験」という組み合わせは良いヒントになった。

修験道は自然界のすべてに霊魂（アニマ）が宿っているというアニミズムに、神道、仏

花の窟（熊野市有馬町）の上部、燈籠ケ峰（とうろうがみね）から見た七里御浜（しちりみはま）。燈籠ケ峰も修験の行場だった。伊勢路は海岸を通り、浜街道と呼ばれた

教（密教）、陰陽道《おんみょうどう》などがミックスされた宗教である。修験者（山伏）は悟りや験力《げんりき》を得るために深山幽谷《しんざんゆうこく》に分け入り、自分の心身を痛めつける厳しい修行を行う。

熊野修験はその代表格だが、吉野と熊野を結ぶ大峯奥駈道《おおみねおくがけみち》が余りにも有名なため、ついその縦走路が頭に浮かび、熊野修験と「楯ケ崎→海神社」「浦神→海神社」の連関に思いが及ばなかった。

熊野修験者の抖擻《とそう》（一心に歩く）の道は奥駈だけではない。田辺から海岸線に沿って那智、新宮へ向かう大辺路《おおへち》、伊勢と熊野を結ぶ伊勢路も修行のコースだった。それがわかっ

て謎解きに展望が開けてきた。

つまり、「海神系図」や『紀伊続風土記』などの文書が語る熊野楯ケ崎や浦神からの二神の勧請伝承は、海に近い道をたどり、山中の滝、岬、海蝕《かいしょく》洞窟などを巡って修行する行者が生み育てたものではないか、と思うようになったのである。

「辺地」修行の伝承

海に近い修行路を「辺地」（辺路）と呼んだ。平安末期の成立といわれる『今昔《こんじゃく》物語集』第三十一巻第十四話は、三人の修行者が四国で道に迷い、隠れ里から危うく脱出する話だ。その冒頭に「四国ノ辺地《へんぢ》ト云《いふ》ハ伊予、讃岐、阿波、土佐ノ海辺《うみのほとり》ノ廻《めぐり》也」とある。

（『今昔物語集四』、小学館、一九七六年）

熊野にも古くから「辺路」があり、修験者たちは海岸に巨石があればそれにしがみついて回り、山中の滝に打たれ、海辺の洞窟に籠《こも》った。

鎌倉初期に編纂された『新古今和歌集』に「いそのへち」で修行していた僧行尊《ぎょうそん》の歌が載っている。本居宣長は『玉勝間』でこの歌を取り上げ「詞書《ことばがき》に、いそのへぢとあるところは、紀の国熊野に物するに、牟婁郡《むろのこおり》田辺より、海べを経て、熊野に出る道あり、是《これ》なるべし、此道《このみち》伊勢までつゞけり、長く磯づたひにゆく路なる故《ゆえ》に、いそのべぢとはいふなるべし」と述べている。（『本居宣長全集』第一巻、筑摩書房、一九六八年）。大辺路のどこかで詠んだのだろうか。

いそのへちの方《かた》に修行し侍《はべ》りけるに、一人具《ぐ》したりける同行《どうぎょう》を尋ね失ひて、もとの岩屋の方へ帰るとて、あま人《びと》の見えけるに、「修行者見ればこれを取らせよ」とてよみ侍りける

大僧正行尊

わがごとくわれを尋ねば海人《あま》小舟《をぶね》人もなぎさの跡と答へよ

日本古典文学全集26『新古今和歌集』９１７番（峯村文人校注・訳、小学館、一九七四年）から、詞書も含めた口語訳を引用する。

いそのへちのほうで仏道の修行をしていました時に、ひとり連れていた同行の僧を尋ね失って、もとの岩屋

のほうへ帰ろうとして、漁夫が見えましたので、「修行者が現れたらこれを渡してくれ」といって詠みました歌

わたしが同行を尋ねているように、同行がわたしを尋ねていたら、海人よ、人もいない、渚《なぎさ》のもとの所に帰っている、と答えてくれよ。

大僧正行尊

比叡山《ひえいざん》の僧鎮源《ちんげん》が著した平安中期の仏教説話集『大日本国法華経験記《げんき》』（法華験記）には、雲浄《うんじょう》という修行僧が熊野詣《もうで》の途中、志摩国を過ぎた海辺の洞窟で一夜を過ごす話が出てくる（巻上　第十四話）。

洞窟に潜《ひそ》む大蛇にひと呑みされそうになったが、一心に法華経を唱えると大蛇は消えた。嵐が過ぎると朝服《ちょうふく》（朝廷に出仕するときの正服）を着た男が現れ「ここで何万もの人を食ったが、法華経を聴いて改心した」と懺悔《ざんげ》するという説話だ。（『日本思想体系7　往生伝　法華験記』、岩波書店、一九七四年）

修行僧にとって、熊野灘沿岸に多い海蝕洞窟は、籠ったり寝泊りしたりするなじみの場所だったのだろう。

海から見た鬼ケ城（熊野市）。こうした海蝕洞窟も修験者の修行の場となった

「海の修験」路

熊野の信仰ルートを①「辺路」の修行路（海の修験）、②熊野三山を巡る熊野詣修行路、③那智山を起点とする三十三観音霊場巡礼（西国巡礼）修行路、に分けた仏教民俗学者の五来重《ごらいしげる》は、平安時代に上皇や法皇が田辺から本宮をめざした中辺路より、大辺路を舞台とした「海の修験」のほうが古い、また③は①と重なった、と主張している。（『熊野市史上巻』、一九八三年、の中の「花の窟の宗教史」）

この「海の修験」路は国道42号が紀伊半島を外周するように、伊勢から新宮、那智、田辺、そして和歌山方面までずっとつながっている。そのルート沿いに楯ケ崎や浦神があるのだ。

2 修行路が半島を外周

伊勢に向かった捨身僧

熊野の「辺路」修行路（海の修験）の歴史はどこまで遡《さかのぼ》れるだろうか。その草分けは最古の仏教説話集『日本霊異記《りょういき》』下巻の最初の話に登場する永興禅師《えいごうぜんじ》あたりであろう。中田祝夫《のりお》全訳注『日本霊異記（下）』（講談社学術文庫、一九八〇年）から抜粋して紹介する（カッコ内は筆者）。

称徳《しょうとく》天皇（第四十八代。七六四年即位の女帝）が奈良の都を治めていたころ、紀伊国牟婁郡熊野の村に永興禅師と呼ばれた僧がいて、海辺の人々を教え導いていた。ある日、彼のところに法華経一部、白銅の水入れ、縄で作った椅子だけを持った僧がやって来た。一年ほど過ぎた日、この僧は永興に「この地を去り、山に入って修行しようと思います。また伊勢に越えて行きたいと思います」といった。

永興禅師が住んだという説がある妙法山から見た那智勝浦の街並み

二年ほどして、熊野川の上流で木を伐《き》って船を作っていた村人が、法華経を読む声を聞いた。だが読経《どきょう》の声の場所はつかめなかった。

半年経ち、村人が船を引き出すためにまた山へ入ると、読経の声はなお続いていた。そこで永興禅師を連れて出所をたどると、死骸があった。くだんの僧が麻縄を二本の足に繋《つな》ぎ、投身して岩に吊りかかって死んでいたのだ。それからなお三年たっても髑髏《どくろ》の舌だけは腐らずに法華経を唱えていた。

永興が実在の人物だったことは『続日本紀《しょくにほんぎ》』宝亀三年（七七二年）三月六日条で、彼が十禅師の一人とされていることでわかる。興福寺の高僧だったようだが、平城京の喧騒と堕落に嫌気がさして、遠い南の地で村人に接する日々を選んだのかもしれない。

五来重は、永興が法華経の修行者だったことから、「那智の妙法山に山寺を営んで修行し、説経や勧進《かんじん》あるいは祈禱《きとう》を依頼されては、海辺の俗家へ出かけたのであろう」と推測している。（『日本霊異記』における熊野」『熊野市史　上巻』）

妙法山には阿弥陀《あみだ》寺があり、その頂上に奥ノ院がある。「死者の霊魂は樒《しきみ》の枝を持って妙法山に行き、阿弥陀寺の鐘を一つつく」と言い伝えられてきた。

注目されるのは、捨身した僧が永興に「伊勢に行きたい」と告げたことである。永興の本拠を那智とすれば、そこから伊勢へは大辺路、伊勢路をたどるはずだから、その途中の岩場で捨身したと考えられる。つまり、奈良時代から伊勢と那智を結ぶ「海の修験」の辺路が存在したということだ。

熊野修験に詳しい豊島修氏は「（この僧が向かったのは）大辺路を通って伊勢国に行くコースであったらしい。このことは永興と同じ法華経修行の実践者である一禅師が、また大辺路の海辺の岬・島・巌《いわお》などを巡る辺路修行者（＝初期修験道の実践者）であったと考えてよいであろう」と書いている。（「忘れられた歴史と宗教―紀伊半島の辺路と王子研究―」大谷

学報85巻2号、大谷学会、二〇〇六年）

伊勢から和泉まで

両氏の指摘で拝聴すべきは、「伊勢と田辺を結ぶ伊勢路─大辺路にとどまらず、田辺からさらに北上し和泉に至る長大な修験の道があった」という推論である。五来は『熊野市史　上巻』の中の「神武天皇と熊野」の項で次のように述べており、豊島氏もそれに同意している。

「紀伊の辺路」は本来は大辺路だったはずで、これは一部西熊野街道（小栗《おぐり》街道）に重なっているが、おそらく西は藤代より名草、友ケ島まで延びていたことだろう。そして東は新宮から鵜殿《うどの》、阿田和《あたわ》、有馬、木本《きのもと》、波田須《はだす》、曽根を経て、尾鷲《おわせ》、長島から志摩、伊勢まで達していたであろう。（中略）やがて熊野三山巡りの周回路が開かれるようになって、海岸から離れて山中に入るのを「中辺路」とよぶようになり、海岸の古い本来の辺路を「大辺路」とよんだのであろう。

友ケ島は和歌山市加太《かだ》の沖合に浮かぶ小島で、その中の虎島には葛城二十八宿を巡る修験者のスタート点・序品窟《じょひんくつ》がある。楯ケ崎は伊勢路沿いの岬であり、そこで今も浦上国津姫を祀っている浦神はまさに大辺路上にある。これは偶然とは言えまい。

そこで私は以下のように推測する。

▼熊野修験は古代から中世にかけて盛んになった。永興禅師や捨身僧の後を継ぎ「海の修験」一路で修行した修験者（山伏）が、熊野灘に突き出した荒々しい楯ケ崎に海神豊玉彦を観想し、その神を大辺路経由で紀の川の地まで運んだ。

▼一方、国津姫が神領の海神社と那智の浦神の両方で祀られていることを知った修験者たちは「女神は熊野から勧請されたに違いない」と考え、双方に広めた。その説が『紀伊続風土記』に取り入れられた。

熊野は地母神イザナミが人気を集める「女神の地」だから、そう考えたのも理解できる。

『紀伊続風土記』は海神社の項で「楯ケ崎から豊玉彦を勧請したとき、浦上国津姫も一緒に遷座したのではないか」と推測している。そこに修験者が絡んでいるとしたら、

伊勢路に残る鎌倉時代の石組み（熊野市波田須町）

二神の勧請伝承の成立は時期的に近いかもしれない。

江戸時代の巡回記録

『日本九峰修行日記』という江戸時代の文書がある。日向《ひゅうが》国佐土原《さどわら》藩に仕えた修験者野田成亮《しげすけ》が、文化九年（一八一二年）から文政元年（一八一八年）まで六年二か月に渡って全国の名山霊蹟《れいせき》を巡拝した記録である。

その第六巻に伊勢・志摩から紀伊、和泉、河内《かわち》、大和へと旅した日々記が載っている。伊勢路を南下し尾鷲から八鬼山《やきやま》峠を越え、木本村を経て、花の窟《いわや》のある有馬村に至った。そこから本宮道を通り、本宮大社で納経。湯の峰で温泉を楽しんだ後、熊野川を舟で下り、速玉《はやたま》大社を参拝した。那智山に詣でてからは大辺路をたどっている。

田辺以降は有田、海南、和歌山を通り、紀の川に沿って根来寺《ねごろじ》、粉河寺《こかわでら》と巡り、高野山に向かった。（『日本庶民生活史料集成　第二巻　探検・紀行・地誌　西国篇』、三一書房、一九六九年）

五来、豊島両氏が指摘した伊勢から紀伊半島を外周し、海神社に近い粉河寺へと続く道を江戸後期の修験者がたどっている。時代は下るとはいえ、その事実は、大周回コースをたどった熊野修験者が豊玉彦と浦上国津姫の海神社への勧請にかかわった、という私の推測を裏付ける材料のひとつにならないだろうか。

現代の熊野修験の実践者といえば、真っ先に那智山青岸渡寺《せいがんとじ》の高木亮英《りょうえい》副住職の名が浮かぶ。昭和二十四年生まれの高木氏は、那智四十八滝の確定や冬場の滝行で知られる修験者だ。

高木氏が熊野修験のメインコースである大峯奥駈道の行を引率してきたことは知っていた。海神社についての私の仮説を彼にぶつけてみたい。また和泉山系山中の浦上神社や熊野神社で見た「那智山青岸渡寺」と墨書された碑伝《ひで》（行者札）についても聞きたい。そんな理由で会見を申し込んだ。

3 那智山から葛城の峯へ

高木氏の言葉が応援に

私は、紀の川市神通の浦上神社や葛城修験の本拠地・中津川にある熊野神社で「熊野修験 那智山青岸渡寺」と書かれた碑伝（行者札）を見た。その背景も知りたくて、青岸渡寺に熊野修験の実践者である高木亮英副住職を訪ねた。二〇一七年二月十七日のことだ。

青岸渡寺は天台宗の古刹《こさつ》で、西国三十三所巡礼の第一番札所である。参拝者の絶えない本堂で高木氏にお目にかかった。本堂は如意輪堂とも呼ばれ、天正十八年（一五九〇年）建立《こんりゅう》の重要文化財。明治初年の神仏分離令や廃仏毀釈《はいぶつきしゃく》運動を生き抜いた建物である。

熊野那智大社と青岸渡寺が隣り合わせという光景は、神仏習合が熊野に深く根付いたことを物語る。

「いま修験というと『山の修行』のように映りますが、最初は（海辺の岬や窟を回る）辺路修行から始まり、次第に山の中に分け入った。歴史的にいえば、辺路修行のほうが奥駈

青岸渡寺の三重塔と那智の滝

（大峯奥駈）より古いのではないでしょうか」

昭和六十三年（一九八八年）以来、毎年欠かさず三十回も奥駈道で修行をしてきた高木氏が、のっけからそう語ったので、ちょっと驚いた。

「で、葛城修験の道のほうはどうなんでしょうか」

「私は平成六年（一九九四年）から葛城修験の道に通うようになり、毎年十人くらいの仲間と歩いています。ある人に『（修験道の開祖）役行者は葛城を拓いてから大峯に入られた』と聞いて興味を覚え、あちらにも行くようになったのです」

和泉山系の山中にある浦上神社や

青岸渡寺。西国三十三所巡礼はここから始まる

熊野神社に「熊野修験　那智山青岸渡寺」の碑伝を奉納したのは高木氏らだったのだ。

「葛城へはどんなルートで行くのですか」

「私たちは和歌山まで車で行き、船で友ケ島に渡ってから抖擻《とそう》を始めます。（最終地の大和川上流）亀ノ瀬までの行程は長いので、四月から十一月の間に七、八回に分けて歩くのです。本来は和歌山までも大辺路や紀伊路を歩いて向かうのでしょうが……」

伊勢路から大辺路そして紀伊路をたどり紀の川河口に至る。そこまで行けば、神領に鎮座する海神社もさほど遠くない。

紀伊半島を外周する「海の修験」ルー

トを通った山伏が豊玉彦を海神社に勧請し、国津姫の遷座伝承を育んだ。高木氏が語った言葉のひとつひとつが、私のそんな推測の応援をしてくれるように思えて、うれしくなった。

実際、彼は「修験者にとって神仏は一体です。熊野の修験者が葛城修験の中心地に（海神社の神を）勧請したのでしょう。勧請に熊野の修験者が介在したのはほぼ間違いないと思います」とまでいった。

ところで、大峯奥駈道と葛城修験の道とは様相が異なる。前者は急峻《きゅうしゅん》な山々を駆け抜ける難路だ。それに比べると大辺路や和泉山系の道は楽なように見えるが、どうなのだろう。

「いや辺路修行は案外きついのです。奥駈は高い山を上り下りしますが、単純といえば単純な道です。一方、たとえば葛城は山々は低いけれど長丁場でだらだらと続く。そんな道の修行はそれはそれで厳しいのです」

なるほど。

青岸渡寺・高木亮英副住職

逆ルートの可能性も

修験者（山伏）には天台宗系グループの本山派と真言宗系グループの当山派が存在し、互いに張り合った時代もあった。青岸渡寺は天台宗だから本山派だが、高木氏によれば葛城山系は両派にとっての修行の場だという。葛城修験の行場のひとつで、海神社ともかかわりのある犬鳴山七宝瀧寺《いぬなきさんしっぽうりゅうじ》は真言宗犬鳴派の本山だ。

青岸渡寺がある那智山から海沿いの浜ノ宮まで下れば、そこは大辺路の起点である。古い温泉地、湯川から大辺路を南下すると那智勝浦町の浦神に至る。

浦神湾の奥という天然の良港に北九州からやってきた宗像系の海人が住みつき、市杵島姫を奉斎した。その女神が、よりなじみやすい名の浦上国津姫と呼ばれるようになった。もしくは、そこに先住者が崇める浦（漁村）の守り神がいて、宗像の女神と一体化したのか、そのあたりはわからない。

いずれにしても「浦を守る神」「宗像の神」は熊野、那智への信仰と相まって、海神社の女神と重なった。そしてそこに鎮座していた浦上国津姫が「実は熊野から勧請されたのだ」という伝承を生んだのではないか。それが『紀伊続風土記』に盛り込まれた。私はそう思う。

逆に「浦上国津姫は神領の海神社から浦神に勧請された」という可能性もなしとはいえまい。熊野修験者が式内の古社から女神を分祀《ぶんし》した、ということも考えられるからだ。

熊野の神の渡来伝承に「熊野権現御垂跡《ごすいじゃく》（迹）縁起《えんぎ》」がある。十二世紀の「長寛勘文《ちょうかんかんもん》」という文書に引用されたものだ。熊野三所権現は唐の天台山から九州の英彦山《ひこさん》、四国の石鎚山《いしづちやま》、淡路《あわじ》島の諭鶴羽山《ゆづるはさん》、和歌山県印南町《いなみちょう》の切目王子のあたりを経て、新宮の神倉山に降りた。その後、本宮大社の旧社地・大斎原《おおゆのはら》で犬飼（狩人）の前に示現《じげん》した、という物語だ。

紀の川市中津川の熊野神社には「那智山青岸渡寺」と書かれた碑伝もあった

熊野権現がたどった道はそれぞれ修験の霊場だ。だからこの物語は、熊野信仰が伝播《でんぱ》したルートを逆にたどった由来譚《ゆらいたん》といえる。その伝でいけば、海神社から浦神へ分祀されたことが、いつの間にか「熊野から遷座した」という話にすり替わり定着した、ということもありえると思う。ただ私は「（もともと海神社に坐《ま》していた女神について）この神様はあの熊野からはるばる来られたんだよ」という話のほうに惹《ひ》かれる。

青岸渡寺の高木副住職が始めた葛城抖擻は、図らずも昔の辺路修行の大周りルートの再現となった。青岸渡寺を起点とする西国三十三所巡礼も、もとをただせば那智山に関係する修行者が拓いた道であろう。その第三番札所が海神社から遠くない粉河寺であることを思うと、浦上国津姫の勧請伝承に熊野修験がかかわったという推測は現実味を帯びてくる。

4　楯ケ崎周辺に山伏の行場

「海の熊野」と修験者

豊玉彦と楯ケ崎、国津姫と浦神。海神社の二祭神を遠隔の地と結んだのは熊野の辺路修行者だった。青岸渡寺の高木亮英氏に会って、私はその思いを強くした。浦神は「海の修験」者が活躍した那智山から遠くない。では楯ケ崎と修験のかかわりはどうか。

熊野市甫母《ほぼ》町の楯ケ崎は、その近くを伊勢路が通る柱状節理の岩壁だ。平安中期の僧で歌人でもあった増基《ぞうき》がそこに立ち寄り、紀行文『いほぬし』に「たてをついたるやうなるいはほどもあり。うつ浪にみちくる汐《しお》のたゝかふをたてが崎とはいふにぞ有ける」と書いたことは、前述した。

そこに修験者（山伏）の伝承はないだろうか。

熊野市教育委員会が昭和五十六年（一九八一年）に刊行した総合民俗調査報告書『熊野

市の民俗』第12号に「熊野市信仰略図」が付いている。その図で楯ケ崎のそばに「修験道行場」と書いた場所がある。楯ケ崎の向いの岬の小高い場所あたりだ。

国道311号から現場を眺めると木々が生い茂り、遠目には修験の行場にふさわしそうだが、地元の人に聞いても「そうだった」という話は得られなかった。調査報告書の本文は「この地は古来より神々の伝説が多いが、（修験道の）行場であったことも考えられる」と推測にとどめている。

しかし、楯ケ崎の周辺には修験者の足跡があちこちにある。熊野市新鹿町《あたしか》の山中にある弁天堂、弁天滝はそのひとつである。

二〇一七年二月二十六日、新鹿出身の三石学氏（昭和三十年生まれ）に案内してもらった。新しくできた熊野尾鷲道路の高架下に車を置き、高架をくぐって久保川沿いの参道を登った。丸太や、鉄板を敷いた危うげな橋を何度か渡って歩くこと三十分、大蛇峰《おおじゃみね》（六八七メートル）の中腹に簡素な木の鳥居が立つ。そこが弁天堂の入り口だ。

平成八年（一九九六年）に新築された弁天堂内に棚があり、弁財天の掛け軸が掛けられた中央に、弁財天木像が置かれている。左は不動明王像、右に置かれた目元の涼しげな女神像は、弁財天と習合した市杵島姫のようにも見えた。

「小学生のころ、ここの祭りの時は法螺貝《ほらがい》を吹く行者の後について弁天堂まで登りまし

修験者の行場だった弁天滝（熊野市新鹿町）

た。お堂でもらうオニギリが楽しみだった」と三石氏。

弁天堂は大峯山の行者だった善行院の開祖と伝えられている。お堂の先に岩盤を流れ下る弁天滝がある。そこまでは行かなかったが、滝の上には行者が籠《こも》った小屋があったそうだ。その周辺が行場だったのだろう。

禅定門の五輪塔に水を手向ける大川氏

淡路島とのつながりも

修験者の行場は熊野市から尾鷲市に入った賀田《かた》町にもあった。亥谷山《いがたにやま》（六八八メートル）の中腹に位置する七鬼《しちき》の滝である。

こちらは二〇一七年二月十四日、地元の語り部、大川善士氏（昭和十年生まれ）に連れて行ってもらった。檜《ひのき》林の中の未舗装道を四輪駆動車で行けるところまで行き、そこから二十分余、斜面を登った。冬場とあって七鬼の滝の水量は少なかったが、森閑として行場らしい趣のある場所だった。

江戸初期にそこで修行したという修験者禅定門《ぜんじょうもん》の五輪塔が賀田集落の上に残っている。その前を伊勢路が通る秋葉山《あきばさん》（秋葉神社）のそばである。

秋葉山は静岡県浜松市天竜区に本社があり、火防《ひぶせ》の神として名高い。村を火災から守るため、その勧請か中興につくしたのが禅定門だったと思われる。

大川氏は語る。

「子どものころ、五輪塔のあたりでよく遊びました。親父から『街道で行き倒れた巡礼者の墓だから、遅くまで遊んでいると幽霊が出るぞ』とおどかされた。実際は、ここに秋葉山を拓くなど貢献した修験者に感謝して、行者の死後に土地の人たちが建てた墓であり、記念碑だったのでしょう」

五輪塔は下から地輪、火輪、風輪、空輪の順に積んであるが、地輪の上の水輪がない。地震か大雨で倒され、流されて行方不明になったようだ。

地輪に文字が刻まれている。尾鷲の郷土史家伊藤良氏らが執筆した『ふるさとの石造物』（尾鷲市郷土館友の会、一九八〇年）によれば「寛永十八辛巳《かのとみ》年（一六四一年）慈長道喜禅定門、淡州□□□」とある。伊藤氏は、禅定門が淡路島出身だったのではないかとみている。

もしそうなら興味深い。淡路は「熊野権現御垂跡（迹）縁起」で熊野の神がそこを経て来たとされる地である。そこがこの修験者の出身地とすれば、彼は紀伊路―大辺路―伊勢路を通う「海の修験」者、辺路行者だった可能性があるからだ。

『日本霊異記』に出てくる捨身僧が、那智の妙法山に住んでいたといわれる永興禅師に「伊勢に行きたいと思います」と語ったくだりを思い起こしてほしい。奈良時代から江戸時代まで、紀伊半島の海辺を巡る辺路修行が連綿と続いていた。そして楯ケ崎の周辺に修験者が足跡を残した。豊玉彦（豊海神《とようながみ》）は、そんな修験者の手で紀の川市の海神社へと運ばれたのではなかろうか。

勧請時期は特定できず

「だれの手で」はそう推測できても「いつ」はわからない。

紀伊国の浦上国津姫神が文献の上で最初に登場したのは『日本三代実録』の仁和元年（八八五年）十二月二十九日条だ。私は延長五年（九二七年）にまとめられた「延喜式神名帳」に載る海神社の祭神一座はこの女神だと書いてきた。とすれば、豊玉彦の熊野からの勧請は「延喜式神名帳」以降ということになる。

一方、豊玉彦の名が載り作成年次がわかる一番古い文書は海神社蔵の「海神《うながみ》系図」（一五八六年）である。新しい史料が見つかれば別だが、現状では楯ケ崎からの勧請伝承は九二七年から一五八六年の間に生まれ、その後根付いた、といえよう。

熊野の辺路修行の歴史は古いが、それが盛んになったのは平安末期から中世にかけての時期だったと思われる。二神の勧請伝承は鎌倉、室町期に生まれたのではないか、という気がするけれど、それにさしたる根拠があるわけではない。

海神社の由来を語る「海神系図」の本文はストーリーの初めに紹介した。秀吉の紀州攻めの翌年、天正十四年（一五八六年）に海神社を再建した山田秀延が作成したという文書である。彼は自分が海神社の正統な後継者と主張した。

この山田秀延は、豊玉彦を勧請した修験者の家系と何らかのつながりがあるのか。そうなれば面白いが、推測に推測を重ねる世界への立ち入りはやめておこう。

いずれにしても、歴史のどこかの時点で、

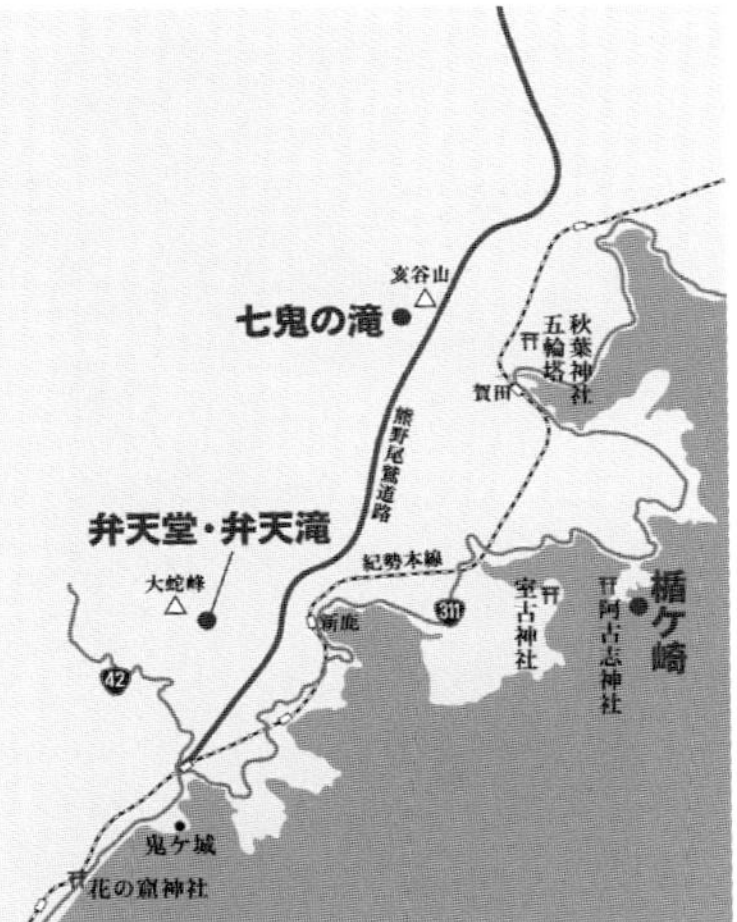

辺路修行者が豊玉彦の遷座伝承をつくったと思われる。この男神は次第に力を増し、「先住」の女神、国津姫から主役の座を奪うようになった。その背景には「熊野への憧《あこが》れ」や「熊野修験の影響力」があったのではなかろうか。

エピローグ――黒潮の彼方への思慕

熊野に根を張る常世伝承

和歌山県紀の川市の海神社、同県那智勝浦町浦神、三重県熊野市甫母町の楯ケ崎。この三か所を軸に、和泉山系、大阪府南西部や奈良県吉野の山中まで、神々と伝承を追った私の旅も終わりに近づいた。残る問題は「豊玉彦や国津姫がなぜ熊野から勧請されたのか」である。

海神社の二神が奈良や京都でも、そして海に近い伊勢や出雲でもなく、南方の遠い熊野の地から運ばれたという伝承そのものに、私は大いなるロマンを感じる。

考えてみれば、上皇や法皇が足しげく通った平安時代は言うに及ばず、歴史を遡《さかのぼ》る奈良や飛鳥時代も熊野は憧《あこが》れの地であった。火の神カグツチを産んで亡くなった地母神イザナミが「紀伊国《きのくに》熊野の有馬村《ありまのむら》に葬られた」とした『日本書紀』一書《あるふみ》の一節も、熊野に対する思い入れがあったからこそ、挿入されたのだろう。

本州最南端・紀伊大島の海金剛。海原の先に常世がある

憧れの背景にあるのが常世《とこよ》伝承、常世信仰である。海の彼方に死と再生、そして豊穣《ほうじょう》の異界「常世」がある。死者はそこに向かい、またそこから「善きもの」「貴きもの」が到来する。熊野灘に面して暮らす人びとは、古《いにしえ》から今日までそう信じてきた。

徐福がそこに上陸したという言い伝えも、「神日本磐余彦《かむやまといわれびこ》（神武天皇）の上陸地はここ」という伝承も、「カミを川の上流の聖なる島にお連れする」新宮の御船《みふね》祭や古座《こざ》の河内《こうち》祭も、そんな観念と祈りから生まれ育った、と私は思う。徐福は紀元前三世紀、秦の始皇帝時代の人。不老不死の仙薬を求めるとして船出、熊野にたどり着いた、とされる。

豊玉彦がそこに出現したといわれる楯ケ崎は、熊野灘沿岸にいくつかある神武上陸伝承地のひとつだ。神武は上陸直前に嵐の海で二人の兄を失う。そのひとり三毛入野命《みけいりののみこと》は「波頭を踏んで常世国に旅立った」と『日本書紀』は述べる。楯ケ崎は常世への入り口にあたるのだ。海神《わたつみ》豊玉彦がそこに出現し坐《ま》していた、と語り伝えるにふさわしいトポス（場所）なのである。

伊勢と熊野が出会うところ

それだけではない。楯ケ崎あたりは、伊勢と熊野という二大聖地の神々が集うところ、と認識されていた。

二木島湾の入り口を守るように向かい合って鎮座する室古《むろこ》明神社（室古神社）と阿古師《あこし》明神社（阿古師神社）について『紀伊続風土記』は「室古は牟婁《むろ》の神。牟婁郡の東端だから熊野権現を祀る」「阿古師は英虞《あご》の神。志摩国英虞郡の西南端で、伊勢の神領だから太《だい》神宮《じんぐう》を祀っているのだろう」と語る。

持統天皇六年（六九二年）春、女帝は臣下の反対を押し切って伊勢に行幸《ぎょうこう》する。その際、阿胡行宮《あごのかりみや》で牟婁郡の阿古志海部河瀬麻呂《あこしのあまかわせまろ》ら兄弟が海産物を奉じた、と『日本書紀』は記す。

「阿古志」という名前などから行宮《あんぐう》（一時的に作られた宮）は阿古師神社の場所だという説もある。

明治時代からの神社台帳である『南牟婁郡神社明細帳』（三重県神社庁蔵）をみると、阿子師（阿古師）神社の祭神は三毛入野命、天照皇大神《あまてらすすめおおかみ》、蛭子命《ひるこのみこと》など。室子（室古）神社の祭神は稲飯命《いないのみこと》（神武の兄）、底筒男命《そこつつのをのみこと》、倉稲魂命《うがのみたまのみこと》の三神だ。底筒男は黄泉《よみ》の国から逃げ帰ったイザナキの禊《みそぎ》から生まれた神で住吉三神の一神とされる。

いずれの社にも豊玉彦の名はない。海神社に勧請されたからいなくなったのではなく、もとからこの場所には祀られていなかった神であろう。豊玉彦（豊《とよ》海神《うながみ》）は、楯ケ崎を訪れ、大波が大岩壁に打ちつける光景を見た辺路《へち》修行者が「もっとも熊野

潮岬の静之窟。潮御崎神社から海岸に下ったところにある海蝕洞窟だ

らしいこの場所におられるはずだ」と観想した海の神であった。つまり「観念と想像力の所産」だったのである。

『熊野市の文化財』（熊野市教育委員会、二〇〇〇年）の「室古・阿古師神社」の項には「祭神、室古社は海神豊玉彦命、阿古師社は豊玉姫命。ほかに熊野大神と伊勢大神。また稲飯命と三毛入野命との説もある」と書かれている。豊玉彦と豊玉姫が祭神というのは『紀伊続風土記』に引きずられた説のように思える。

ついでにいえば、『熊野市の文化財』は（両社について）「古くは紀伊国那賀郡池田荘神領村に三百十四石余の神領地があり、そのためいつの頃にか（豊玉彦が）同地にも勧請された」と述べているが、この解釈は『紀伊続風土記』の読み違いではなかろうか。『紀伊続風土記』は神領が豊玉彦の神戸《かんべ》（そこからの租税が社寺の収入になる）だと述べているが、それを室古社や阿古師社の領地と見るのは無理がある。また「三百十四石余」は『紀伊続風土記』が語る当時の神領村の収穫高だ。

補陀落めざした入水行

話を戻そう。熊野は「常世の入り口」のみならず、「補陀落《ふだらく》への出発点」でもあった。古来の常世へのあこがれが観音信仰と重なったところに補陀落（サンスクリット語のポータラカの音訳）信仰が生まれた。南方海上に観音浄土があるという思想だ。そこをめざして、那智の浜から船出したのが補陀落渡海《とかい》である。

観音菩薩が住む場所は中国の揚子江河口沖の島とも、南インドの海岸の地ともいわれた。どちらにせよ小船でたどり着けるはずはないから、極楽浄土を求める入水行《じゅすいこう》、入滅行《にゅうめつこう》で

復元された補陀落渡海船（那智勝浦町の補陀洛山寺）

補陀洛山寺の裏山には渡海僧の墓がある

ある。

渡海僧が旅立った浜ノ宮は大辺路の東の出発点で、浦神にも遠くない。また大辺路を南下した先の潮岬には「大国主神を助けて国づくりをした小さな神・少彦名命《すくなびこなのみこと》がそこから常世に旅立った」とされるところだ。そこに少彦名命を最初に祀ったという静之窟《しずのいわや》がある。

平安時代に熊野御幸《ごこう》で賑わった本宮大社（熊野坐神社《くまのにますじんじゃ》）は「阿弥陀《あみだ》の浄土」だった。それに対して那智山は「観音浄土」とされた。鎌倉時代以降、観音信仰の高まりとともに、熊野三山の中心軸は本宮から那智山へと移って行った。

近世の伊勢路はもっぱら観音信仰に支えられていた。伊勢神宮に参拝したのち熊野三山に詣《もう》で、那智山青岸渡寺から観音霊場を回る西国三十三所巡礼に向かう「グランド・ツアー」は、古来の「海の修験」路のカムバック版・大衆版ともいえるだろう。

和泉の海から山越えをした女神の軌跡。海神社と熊野の海浜を結ぶ縁《えにし》。それを解くキーワードは「海人族」「修験者（山伏）」「辺路修行」「常世と補陀落」である。そしてそれらを括るのは「黒潮の彼方への思慕」ではなかろうか。

あちこちへの小さな旅を終えて、私はそう思った。

あとがき

私は東京で育ち、経済部や論説委員室に籍を置いた新聞記者時代も東京本社勤務が長かった。「自由の身になったら、この大都市を離れ、別の場所で違った分野に挑戦してみたい」。そんな思いで、二〇〇四年末の定年を機に奈良県明日香村に借家して、古代史の勉強を始めた。

それまで古代史に興味がなかったわけではない。中学生のころ、図書室に『空からみた古墳』があった。単発のセスナ機から大阪府や奈良県などの古墳を空撮した薄手の写真集だった（今回改めて調べたら、朝日新聞社刊の「アサヒ写真ブック」シリーズの一冊とわかった）。

昭和三十年代前半のこと。みんな白黒写真だったが、上空から眺めた古墳の姿は新鮮で美しかった。とりわけ、周濠《しゅうごう》をもつ仁徳天皇陵古墳や応神天皇陵古墳の巨大さに驚き、「実物を見てみたいなあ」と思った記憶がある。

でも関西に行く機会は修学旅行ぐらい。入社後、東北の支局から本社にあがって以降は、円切り上げ、日中国交回復、石油危機、日米貿易摩擦などの大事件に振り回され、古墳や古代史どころではなかった。

長年の夢がかなったのは、大阪に勤務した一九九三年である。単身赴任だったこともあり、週末にカメラと地図をもって古墳めぐりを始めた。その中で、やわらかな風景、長い歴史をもち、人は少ない奈良盆地の南部が気に入り、「第二の人生はそこからスタートさせよう」と心に決めた。明日香村に住んだのはそんなわけだ。幸い妻もついてきてくれた。

明日香村時代に、新聞や雑誌への連載をまとめた『もうひとつの明日香』『大和の鎮魂歌』『ヤマト王権幻視行』を上梓した。三冊目の本は、「海の民」だった王権の創始者が熊野に上陸、内陸の奈良盆地で基盤を固めた。だが「海の民」は水平線から朝日が昇り、夕日が沈む海が恋しい。そこで自分たちの神アマテラスをあえて大和から伊勢に移した。そんな空想を交えた物語だった。その取材で足しげく熊野に通ううち魅力に取りつかれ、二〇一〇年秋に三重県熊野市波田須町《はだすちょう》に再度引っ越した。

「はじめに」で「私は黒潮に惹《ひ》かれて熊野に来た」と述べた。果無《はてなし》山脈（和歌山・奈良県境に位置する山脈）の名の通り、熊野は山深い地という印象が強い。その通りだが、「山の熊野」と並んで「海の熊野」も忘れてはいけない。

今回の取材で得たのは、古代の海人《あま》族の足跡や伝承にあちこちで出会ったことだ。住吉系の海人が崇めた海神《わたつみ》が熊野市の楯ケ崎に、宗像系の女神が那智勝浦町浦神に祀られているほか、吉野山中の神社の祭神は阿曇《あづみ》（安曇）系と思われる和多都美神《わたつみ》である。

外航内航の海路をおさえ、ヤマト王権も一目置いた海人族が紀伊半島の沿岸だけでなく、紀の川・吉野川上流域まで進出していたことは、吉野・熊野の歴史や民俗を探るうえで無視できないポイントだと思う。

もうひとつ「熊野」を解くカギは修験である。私は「海神社の祭神の勧請・遷座に熊野修験者や葛城修験者がかかわった」と考え、ストーリーを展開した。にわか勉強ながら、熊野を論じるうえで修験道、修験者（山伏）の知識が欠かせないことを痛感した。「海人」と「修験」はそれぞれ深みのある対象だ。今後とも、その勉強を続けたい。

奈良・飛鳥と比べると、熊野には古代史の探究に役立つ古い史料が少ない。地元に残る文書の大半は近世以降のものだ。逆にいえば、それだけ「空想の世界」に遊べる面白さがある。ただ作品が荒唐無稽《こうとうむけい》にならないよう、専門家に「そんな可能性もあるかもしれないな」と思わせるぐらいまでは迫りたい、と心掛けている。読者のご批評を仰ぎたい。

この本は二〇一七年六月から十一月まで週一回合計二十六回、和歌山県新宮市を中心とした「熊野新聞」に連載した「熊野から海神の宮へ　『海神社』謎解きの旅」が基になっている。掲載写真は九十九ページの「フクロウ」の写真を除いて、筆者が撮影した。連載を担当した「熊野新聞」の竹原卓也編集整理室長は、新聞の印刷当日まで直しを出す私に辛抱強く付き合ってくれた。

紀の川市神領に鎮座する海神社の山田秀重宮司はじめ、連載の取材にご協力いただいた方々、専門用語などについてご助言を賜った方々にお礼を申し上げる。

「はる書房」の古川弘典代表は、彼が三重県南牟婁郡の御浜《みはま》町長時代から存じ上げていた。編集にあたった佐久間章仁氏とともに、きれいな本に仕上げてくれたことを感謝したい。

二〇一八年一月

桐村英一郎

【著者略歴】

桐村英一郎（きりむら・えいいちろう）

1944年生まれ。慶應義塾大学経済学部卒。朝日新聞社入社後、ロンドン駐在、大阪本社、東京本社経済部長、論説副主幹などを務めた。2004年11月末の定年後、奈良県明日香村に移り住み、神戸大学客員教授として国際情勢、時事英語などを教える傍ら古代史を探究。2010年10月から三重県熊野市波田須町に住んでいる。三重県立熊野古道センター理事。

著書・『もうひとつの明日香』（岡西剛・写真、青娥書房、2007年）、『大和の鎮魂歌―悲劇の主人公たち』（塚原紘・写真、青娥書房、2007年）、『ヤマト王権幻視行―熊野・大和・伊勢』（塚原紘・写真、方丈堂出版、2010年）、『熊野鬼伝説―坂上田村麻呂 英雄譚の誕生』（三弥井書店、2012年）、『イザナミの王国　熊野―有馬から熊野三山へ』（塚原紘・写真、方丈堂出版、2013年）、『古代の禁じられた恋―古事記・日本書紀が紡ぐ物語』（森話社、2014年）、『熊野からケルトの島へ―アイルランド・スコットランド』（三弥井書店 、2016年）、『祈りの原風景―熊野の無社殿神社と自然信仰』（森話社、2016年）。

共著・『昭和経済六〇年』（朝日選書、1987年）など。

熊野から海神（うながみ）の宮へ—神々はなぜ移動するのか—

二〇一八年二月二十八日　初版第一刷発行

著　者　桐村英一郎

発行所　株式会社はる書房

〒一〇一-〇〇五一　東京都千代田区神田神保町一-四四　駿河台ビル

電話・〇三-三二九三-八五四九　FAX・〇三-三二九三-八五五八

http://www.harushobo.jp

郵便振替　〇〇一一〇-六-三三三二七

地図作成　熊野新聞社　樋口潤一（放牧舎）

組　版　有限会社シナプス

装　丁　伊勢功治

ISBN978-4-89984-166-1